人生を豊かにする
学び方

汐見稔幸 Shiomi Toshiyuki

★――ちくまプリマー新書
285

目次 ＊ Contents

はじめに……9

第1章 「学ぶ」とはどういうことか……15

1 **「学ぶ」＝勉強？**……15
何のために勉強するの？／自由になるために「学ぶ」／知るってどういうこと？／未来の自分の選択肢を増やすために学ぶ

2 **偏見や思い込みにとらわれないために**……24
偏見や思い込みが生まれるわけ／偏見から解放されるために学ぶ／それっておかしい！　と言うために

3 **「教養」って何？**……33
世界中で異常現象が起こっている!?／日本とは違う物差しの国／教養とはバランス力でもある

4 **学ぶ目的を考え続けよう**……43
学ぶのは山を登ることと同じ／知識がつながってくると、世の中がよく見

える／知識を共有することで、人類は生き延びてきた／みんなで一緒に学び合うことが大切／失敗をして、臨機応変力を養おう

5 **生きるために学ぶ**……55
生きていてよかったと思えるように／一度、立ち止まって考えてみる／ものの来歴や歴史を知ることは、学ぶことの根幹にある／自分の命を輝かせるために問い続ける

第2章 自分の「好き」を見つける……67

1 **何を学べばいいの?**……67
好きなことは、簡単には見つからない／世界中を旅して、自分のやりたいことを探してみる／自分の人生は自分でつくる／好きなことを根気強く探していこう／コミュニケーションの基本は、聞き上手になること

2 **自分に合った勉強法を見つける**……82
学校の勉強が自分に合っていないのかもしれない／丸暗記は意味がない／

自分が「やりたい勉強」に変えていこう／勉強をゲーム化してみる／雑学やうんちく話を積極的に学ぼう／記憶しやすい方法を発見するのも遊び／やらねばならないことを「遊び化」しよう！

3 受験勉強は自分探しの時間……107
僕の受験体験／塾に頼るのは危険／受験勉強は自分探しのチャンス／人生に失敗なんてない

第3章 「学び」上手になろう……118

1 新しい「学び」の時代……118
「学び」は、一生続くもの／「学び」の三段階／学びや経験は、何ひとつ無駄にはならない／象と鉛筆は足せる？／「頭がいい」とはどういうことか

2 二一世紀に必要な知性……131
新しい学力が求められている／二一世紀に求められる知性「キー・コンピテンシー」／アメリカが提唱する「二一世紀型スキル」／一歩先へ出ようと

する学び方／世界共通の大学入学資格「国際バカロレア」／価値観が違う人同士が、共に生きていくために

3 **人生を豊かにする「学び」とは**……147

僕は高二の一年間、一度も笑わなかった／悩んでいたとき、もっといろいろな本に出会えていれば／「人間の平等とは何か」が僕のテーマ／自分だけでなく、みんなが幸せでいられるように／現代の学校は極めて特殊な教育／新しい学校のあり方を考えていこう

あとがきにかえて……172

構成…岩田めぐみ
島村枝里

はじめに

今、皆さんは、毎日、勉強と向き合う日々を過ごしていることでしょう。試験勉強に追われて、うんざりしているという人もいるでしょうし、試験勉強以外の何かを学びたいと考えている人もいるかもしれません。

なぜ、人は勉強するのでしょうか。あるいは、しなければならないのでしょうか。本当の意味で、「学ぶ」とはどういうことなのでしょうか。

そんな疑問に答えたいと、僕の体験も踏まえて、「学び」についてまとめたのが、本書です。

僕は、教育学や教育人間学を専門に、大学で長年、教員をやってきました。それは、みなさんと同じぐらいの年齢のときに抱いた、「人間は本当に平等になれるのか」「平等ってそもそも何か」「何のために学ぶのか」という問いが端を発して専門分野を選んだのですが、今もその問いを続けています。育児や保育というあまり男の人が注目しない営みの中に、実は人間の本質を探るヒントがあり、そこに少しでも学問の光を注ぎたい、という願いがあります。

本文で詳しく触れますが、今、社会は急速に進んでいます。学校で学んだことが、実社会に出てからほとんど役に立たない、通用しない、という現象も起きています。

つまり、学校で言われるがままに勉強をするだけでは、個人個人の「学び」は育たないのです。本当の意味の「学び」とも出会えません。

皆さん一人一人が、自分の「学び」をどう育てていくか、考えていかなければなりません。これは、どう生きていくかということにもつながります。

僕は、両親から「勉強しなさい」と言われたことは一度もなかったと記憶しています。親父《おやじ》は割烹料理屋《かっぽうりょうりや》の息子《むすこ》で、小学校を出てからすぐに、板前の修業に入りました。手先が器用で、自分でいろんなものを組み立てるのが好きな人でした。「割烹料理屋を継げ」と言われていましたが、技術屋になりたいと、結局、途中で進路を変えてしまいました。その後、レコード会社に入って、亡くなるまでずっと、録音技師をやっていました。親父は職人気質《かたぎ》ですから、めったに人をほめません。だから僕も、親父にほめられたことは一度もないのです。でも、子煩悩でした。

僕は当時、大阪の堺市《さかいし》に住んでいましたが、親父は単身赴任で東京にいました。仕事が忙しくて、大阪には月に一回しか帰ってこなかったのですが、家にいる一週間くらいは、よく子どもと遊んでくれました。電気機関車を買ってきて、親父のほうが喜んで走らせていたり、凧《たこ》を揚げるにしても、見えなくなるまで高く揚げていました。「子どものため」と言いながら、半分は自分が楽しんでいたのです。

地域の子どもを集めて、花火大会をやったりもしました。とにかく、子どもと遊ぶのが大好きだったのです。僕も、親父がそういうことをやってくれるのがうれしかったです。

そんな親父でしたから、子どもに「勉強しろ」なんて一度も言ったことがありません。第一、自分は小卒の学歴ですから、難しい勉強のさせ方もわからなかったでしょう。ただ一生懸命子どもと遊び、その傍らで自分の好きなものをつくっている人でした。

一方で、おふくろは元小学校の先生で、当時としてはかなり教育熱心な部類だったと思います。けれども、子どもの前で「○○しなさい」「○○しちゃ、だめでしょ」とは、一切言いませんでした。テストの結果や成績で評価するようなこともありませんでした。あくまで子どもの自主性に任せていて、僕が夢中でやっているものについては、「なんでそんなん面白いんや？」と聞いてきます。今考えると子どもと上手に対話していたと思うのです。

そういう対照的な両親に育てられて、僕は大きくなりました。どんな人でも、自分が子どものころに受けた教育や育てられ方が大事な原点になっていると思いますが、僕の場合も間違いなく、ここに原点があるでしょう。

その後、中学生になって、勉強に向き合うようになりました。当時は近所に進学塾などありませんでしたから、自分流で高校受験の勉強に取り組んでいきました。そうして、自分に合った方法や困難を乗り越える方法を何とか見つけたのですが、高校に入った途端、学校の勉強を続けていく意欲をなくしてしまいました。

これは本文に書きますが、中学、高校くらいの時期は、自分はこれから、どのようにして人生を歩んでいくのか、そして、社会に出てどういう仕事に就くのか、そういうことに現実的に悩みます。

僕は、なぜ自分が勉強するのか、これからどう生きていけばいいのか、納得するように考え、知りたいと思っていたのです。同世代の友達と、そういうことについて、あれこれと議論をしたかったのです。

ところが高校に入って周りを見ると、そんなことを考えているヒマがあったら、どうしたら成績が上がるかを考えることのほうが先だろうという雰囲気にあふれているのです。そういう雰囲気になじみたくないという連中は、まずは遊ぼうとします。そして、それを自慢し合う。勉強の目的が「受験のため」になってしまって、「学ぶこと」と「人間が生きていくこと」とのつながりが、分断されてしまっていたのです。

当時の僕は、当てが外れたというか、そうした雰囲気になじめず、学校の勉強を全然しなくなってしまいました。

その後、どんなふうに、自分なりの「学び」を育てていったかは、本文を読んでもらいたいのですが、僕自身は、「なんで?」「何のために?」ということを問い続けていかないと、前に進めないタイプだと認識しています。そして、人間というのは、常に考え続けたい存在だとも思っています。

自分の「学び」や、なぜ学ぶかということについて、諦《あきら》めずに根気よく考えていくべきだと、今でも思うのです。

さあ、目の前の勉強から少しだけ離れて、考えましょう。この本が、少しでも若い皆さんの参考になれば、うれしく思います。

第1章　「学ぶ」とはどういうことか

1　「学ぶ」＝勉強？

何のために勉強するの？

皆さんは、何のために勉強しているのか考えたことがありますか？

僕も子どものころはあまり深く考えず、「へぇー、そうだったのか」と勉強して新しいことを知るのがうれしくて、与えられた課題を自分なりにこなしていました。

でも、中学生や高校生になると、難解で複雑なこともたくさん習います。生物や物理、数学では、難しい理論や公式がどんどん出てきます。自分で興味を持って本を読めばわかるレベルではなくなり、かなり背伸びをしなくては理解できなくなっていきます。

中学生のあるとき、先生に「なんで数学なんか、やらなくちゃいけないんですか？」

と聞いたことがあります。そうしたら、その先生は腕組みをしながらしばらく考え、おもむろに「数学を勉強する目的かぁ。数学の勉強の目的はじゃな、数学を勉強してみないとわからんのじゃ」と言いました。これは明らかにごまかしですが、当時の僕は、それを聞いて「なるほど」と思っていたのです。

若いときには、世の中のことがあまりよくわかっていません。人間には、年を取って経験を積まなければわからないことがたくさんありますが、勉強することの意味も、経験してみて、やっとわかるという面があります。

実を言うと今だって、僕にはよくわかっていないことだらけなのです。でも年を取ると、そういうのってまずいよね、と思う気持ちがなえてくるのですね。だから、若いころに比べるとごまかして生きているのかもしれません。

それでもとにかく、先人はいろいろなことを考え、「遺産」を残してくれています。だから、とにかく一生懸命勉強しなさい。そのことの意味は、あとからわかってくるだろう。つまりは「私たち教師を信じなさい」というのが勉強することの意味なのだろう、とそのときは理解したのです。

世の中に、学ぶ理由について書かれた本は多いのですが、やはり大人が上から説教している感は否めません。ですから、これから話すことも、若い皆さんには説教臭い話かもしれません。でも、少しだけ耳を傾けてください。

自由になるために「学ぶ」

僕は、学ぶ目的のひとつは、「どうしたら自由になれるか」ということではないかと思っています。

「幸せになるため」という回答も悪くはないけれど、漠然としすぎているような気がします。「少しでも自由になるために学ぶ」というほうが、たぶん理解しやすいでしょう。

たとえば、この山を越えたところには、別の村があって、そこでは、いろいろな果物が豊かに実っているらしい。そういう話を伝え聞いても、昔は山に道がなかったので、そこへ行くことができませんでした。

「この二〇〇〇メートルを超える山を、どうやって越えていけばいいのか」「途中で迷ったら、戻って来られないかもしれない」。そう考えて行動に移せない時代が長かったのです。

でも、長い歴史の中で、先人たちが少しずつ先鞭《せんべん》を付け、山を越える道を見つけていきます。獣の通り道をたどって、新たな道を見つけたりもします。そして、ある道を歩いていったら、確実に向こうの村に行けることがわかるようになります。

人々はいままで狭い世界の中に閉じ込められていたけれども、その道を知ったことによって、新天地での生活を営む可能性を手に入れたのです。さらに、目的に応じて、いろんなところにも出かけられるようになっていきます。

これはつまり、人間が「自由になる」ということです。何も知らなければ、今の生活の枠から一歩も外に出られないけれど、いろいろな知識を手に入れるにつれて、行動範囲が広がっていきます。

「こちらの道のほうが楽に行ける」とか「これを使ったほうがおいしいものが手に入

る」とか、「生で食べたら毒にあたって死んでしまうけど、こういうふうに調理すれば安全に食べられる」とか。

毎日ひもじい思いをしていたけれども、知識を得ることで、生活がぐんと楽になる。そういうことが起こるわけです。

もうひとつ、例をあげましょう。赤ちゃんは、成長の過程でスプーンやフォーク、お箸の持ち方を学びます。手づかみだと熱いものは食べられないけれど、それらを使えば、ある程度熱いものでも食べられるし、手も汚れなくて済みます。

お箸を持つ練習をしたら、食事をするうえでの「自由」が手に入れられるわけです。もちろん手づかみで食べてもいいけれど、お箸も使えるようになれば、食べるときの選択肢が増えるからです。

このように選択肢が増え、目的に応じて選べることを「自由」と言います。自由という言葉には、もっと多様な意味がありますが、さしあたりの意味で言うと、これが「自由」の大切な意義のひとつです。私たちが知識やスキル、ノウハウを身につけようとするのは、この意味での自由を手に入れるためなのです。目的に応じて、たくさんの選択肢から最良のものを選べばいいわけで、その選択肢を広げていけば自由度が増すわけです。

ただし、その「最良のもの」が「自分にとって最良」か、それとも「みんなにとって最良」かで、選択が違ってきます。いや、違ってくることがあります。それによって本当に「自由」なのかどうかも違ってくるのですが、このことはもう少しあとで。

知るってどういうこと?

かつては、多くの人が生まれ育った村で農業に従事し、そこで死んでいきました。彼らは一生に数回しか村を出ませんでした。戦後しばらくまでは、それが当たり前だったのです。

僕は八ヶ岳に山の家を建てました。その土地は、地元の山林地主さんに頼んで分けてもらったものです。

その土地を売ってくれた地主の奥さんは、山梨県のその村からほとんど出たことがないと言います。外に出かけるのは選挙のときぐらいだそうです。その人は隣の村からお嫁に来ましたが、車の免許を持っていないから遠くには行けません。どこへ行くにも歩いていかなければならなかったから、歩いて行ける範囲の世界が生活圏なのです。一度、東京に連れてきてあげたら、すごく驚いていました。

今は世の中がどんどん広がって、地球規模のことを頭に置かなければ、生きていけなくなっています。もはや生まれた村で生き、そこで死んでいく時代ではありません。生まれ育ったところに、自分が従事できる仕事があるとも限りません。

つまり、昔の人は、世の中のことをそれほど知らなくても生きていけたけれど、今はそういうわけにはいかないのです。

たとえば農業をするとしたら、宅配便などの配送サービスについてある程度知っていないといけないですし、トラクターなど車の運転の方法を知っていることも必要です。

さらに、農薬を撒《ま》けば農作業が楽になるかもしれないけれど、作物は汚染されてしまう可能性がある、という知識がないと、安全な野菜や作物を育てることはできません。

昔に比べて、今や知ることを怠っていては、自分や自分の生活を守ることも難しくなっているのです。

未来の自分の選択肢を増やすために学ぶ

スピードスケートの高木美帆選手は、オランダで修業していました。彼女は今、世界でトップクラスの選手ですが、国際的な大会では、これまで外国人選手にまったく太刀打ちできませんでした。

ソチ・オリンピックのスピードスケート種目で、ほとんどのメダルを獲得したのは、オランダの選手たちです。人口一五〇〇万人の小さな国で、なぜそれほどの成績をあげられるのか。彼女はそこに興味を持ち、オランダで修業をすることにしました。

オランダに行ってみると、練習の仕方が全然違っていました。日本ではひたすら身体を痛めつける練習をしますが、オランダではそういう練習はしません。コーチは「今日練習したら明日は休め。疲れたら練習するな」と言い、日頃の練習では八割ぐらいしか身体を使わない。そういう練習方法で試合に臨んだら、本当に記録が伸びてきたといいます。

日本の根性主義的な練習は、選手の力をある程度までは伸ばしますが、度を超すと逆効果になります。疲れが取れないまま練習すれば、かえって身体を傷つけてしまうのです。

これは、オランダと日本のコーチングの違いです。ベストじゃなくて、ベターな方法を常に追求する。身体についての科学も取り入れて練習する。そうすれば、スポーツももう少し効率的にうまくなれる可能性があるということです。勉強の仕方も同じだと思うのです。

高木選手は、生まれ育った日本を出て、オランダで修業をすることによって、自分にとって、より効果的な練習方法を学びました。

繰り返しますが、私たちがいろいろなことを学ぶのは、自分の行動の選択肢を増やし、より自由になるためです。その限りでは、自分のために学ぶのです。これが原点です。

2　偏見や思い込みにとらわれないために

偏見や思い込みが生まれるわけ

「より自由になるために学ぶ」と言いましたが、「自由になる」ということの意味を、もう少し考えてみましょう。

人間は、「偏見や思い込み」といったものから解放されると、より自由になれます。

類人猿からヒトになっていくプロセスの中で、いろいろな哺乳類がいたわけですが、ホモ属だけが飛躍的に進化しました。なぜかというと、ホモ属には類《たぐい》まれな学習能力があったからです。

ホモ属は、進化の過程で「工夫する力」を身につけてきましたが、同時に、ある脳の構造を生み出したといわれています。

すべてのことを、ゼロから考えていたら間に合わない。あることを経験してうまくいったら、それを頭の中に回路としてつくって、いつもそれを使うようにする。そういう回路を増やしていったのです。たとえば、「この天気なら、海で必ずこういう獲物が捕れる」という経験に裏づけられた回路をつくります。二、三回うまくいくと、その回路を信じて行動するようになります。

しかし、これはあくまで、特定の地域でしか通用しないものですね。その回路を覚えた人が、まったく別の場所に行って同じことをやっても、なかなかうまくいきません。すると、「お前が、ちゃんとやらなかったからだ」「誰かが変なことを願ったからだ」などと言って、一緒にいる仲間のせいにしたりします。自分の知識を疑おうとせず、誰かに責任を転嫁して敵視するようになり、時にこれが戦の原因にもなります。

行動範囲が広がり、環境の変化が激しくなると、あるひとつの知識だけでは通用しなくなります。しかし、人間には、それらしい知識を身につけると、それを信じて、その知識をいつも使おうとする、そういう癖《へき》があります。

人間は進化の過程で、いくつかの回路をつくり上げることによって、思考の無駄をなくそうとしました。しかしそのことで同時に、偏見や思い込みというものを生み出してしまうという習癖も、一緒に身につけてしまったわけです。

偏見から解放されるために学ぶ

少し前に日韓関係・日中関係がよくない時期がありました。当時、インターネット上では、ここぞとばかりに、韓国人や中国人を中傷する言説が飛び交いました。

そんな言説ばかり読んでいるうちに、すっかり洗脳されてしまい、その色眼鏡でしか物事を見られなくなる人も出てきました。こういう人を「ネット右翼」と言いますが、若い世代にもいるのです。インターネットで自分が興味のある関連記事ばかりを追いかけて、クリックして読んでいきますから、ますますそれが真実だと思い込んでしまうのでしょう。

人間は偏見や思い込みを生み出してしまう癖があると言いましたが、それを強く自覚していなければ、いかに偏見や思い込みが強くなってしまうか、ということです。これは平たく言えば、「教養」がないからと言ってよいでしょう。自分で確かめたわけでもないし、ほかの人の意見を聞いて判断するということもしていないのに、ある意見だけを信じてしまう。「教養」とは何かについては、あとで考えます。

人間が学ぶうえでは、どうしても偏見や思い込みが介在しがちです。最初に得た知識は、いつ何時《なんどき》でも通用すると思い込みやすいのです。

その知識が、特定の時間や場所でしか通用しない、あるいは非常に個人的な説に過ぎない、ということを理解することでより自由になれるのですが、そこがなかなかうまくできない。

偏見が群集心理になったとき、「あいつは許せない」ということになって戦争を容認する心理が生まれます。人間が本当に賢くなったら、戦争、つまり殺し合い、破壊し合いなんて起こらないでしょう。

今も、世の中には、イスラム国（ＩＳ）や過激派の思想によって洗脳されている子どもや若者たちが、たくさんいます。貧しさと教育のなさへの不満と恨みを、「誰かを恨むことで晴らせばよい」という「教義」と結びつくと、テロに駆り立てられるのです。恨みが殺りくとつながるまでには、そんなに距離はありません。

ですから、僕はただ、がむしゃらに知識を詰め込みなさいと言っているわけではないのです。学んだことを単純に信じたりせず、いい意味で批判的にならなくてはいけないということです。「どうして？」「ちょっとおかしいぞ」と思うバランス感覚が絶対に必要です。ひとつの知識が、いつ何時でも通用すると思い込んでしまうのは、非常に怖いことです。

学ぶということは、そういった思い込みや偏見から脱却していくことなのです。ひとつのことを知っておしまい、ではいけないということです。「そういうことが成り立つ場合もあるだろうけれど、それはあくまで誰かの個人的な意見かもしれない。僕は、他の人の意見も聞きたい」というふうにならなければいけないのです。

偏見から解放されていくためにも、私たちはもっと学ばなければいけません。これは、自由になるための大事な条件です。

それっておかしい！　と言うために

以下は、疑うことの大事さについての、ひとつの例です。

僕は歴史の授業が好きで、自分で法隆寺や四天王寺、もっと古い山田寺や川原寺《かわらでら》、あるいは飛鳥寺《あすかでら》などをよく一人で訪れました。大阪の堺市《さかいし》で生まれて育ち、奈良など近かったからです。伽藍《がらん》の構造などを確かめたり、仏像に見入ったりするのが好きでした。山田寺などは、草ぼうぼうの野原に礎石だけが残っていて、その大きさから、当時の寺院の建物を想像するわけです。

この山田寺の仏頭だけ、今は興福寺に保存されています。山田寺は、日本で一番古い寺のひとつと言われているのですが、その仏頭からすると、相当立派な寺だったことが想像できます。その仏頭だけが、どうして残っているのか、僕の歴史の想像力は、今でも確かめたいという願望につながっています。

それはともかく、歴史の授業で、平家の没落と源氏の台頭ということを学びますね。

義経《よしつね》の悲劇の後、頼朝《よりとも》は鎌倉に幕府を立ち上げた、と学ぶはずです。僕たちの時代は、「イイクニツクロウ　ブシタチヨ」で、「イイクニ」＝一一九二年に幕府ができたと覚えさせられました。

しかし、しかしです。不思議ではありませんか。武士というのは、今でいう軍人です。もともと貴族に雇われ、貴族たちを守ることや、敵に攻められたときに貴族たちの命を受けて戦に出かけたりするのが、その仕事です。けれども、頼朝は朝廷のあった京都から遠く離れた鎌倉という、おそらく当時は寒村であったところにずっといて、そこで幕府を開いたというのです。朝廷の貴族たちは行ったこともない、遠い遠い地のはずです。そこで幕府を開くことを認める。どうしてそんなことが可能だったのでしょう？

一一九二年というのは、頼朝が朝廷から征夷大将軍《せいいたいしょうぐん》という身分（役割）を与えられた年です。征夷というのは、夷狄《いてき》を征伐するということで、この夷狄は当時、関東、東北に住んでいたアイヌ民族の人たちのことでした。その人たちを「征伐」する役割が、元来「征夷大将軍」ですから、鎌倉にいて、そこで夷狄を討て！　とでもいうのでしょうか。

でも実際には、当時、東北の藤原氏も滅ぼされていましたし、アイヌの人たちは坂《さかの》上田村麻呂《うえのたむらまろ》たちによって、頼朝よりもかなり以前に戦でやっつけられています。

朝廷は、頼朝たちに京都に来られては、まずかったのでしょうか。それで適当な官職を与えて懐柔しようとしたのでしょうか。

うーん、うーん。で、僕にはわからないことだらけです。頼朝（源氏）の兵士たちによって滅ぼされた平家は、京都や神戸にいました。これはわかります。いつだって命令を出せるし、届きます。でも鎌倉などにいたら、命令が伝わるまでに何日もかかってしまうはずです。このままでは地方の武士たちを統括する権力と、その武士たちを統括する権力の、二重権力になってしまうのではないか。それでよかったのか……。

きっと専門的にはいろいろ議論されているのだと思いますが、こういう疑問を持ったため、僕は歴史というのはなかなか本当のことはわからないのかもしれない、でも本当のことを想像することはとてもワクワクすることだ、という気持ちを今まで持ってきました。きっとこれからもそうでしょう。

なお、鎌倉幕府がいつ成立したかについて、最近は源氏が平家を滅ぼした一一八五年を成立年とする考えが強くなっているようです。「イイハコツクロー　ブシタチヨ」ですね。

ちなみに、学校で習ったこと、テレビで言っていることなどについても、「ホントカナー?」とか、「でも、どうして?」などという気持ちを持って、素直に疑問を口にすると、自分だけ人と違うことを言う変なやつと思われるかもしれないと思ってやめておこうとすることがあります。みんなから変なやつと思われるのはイヤなので、なるべく言わないでおこうという気持ちです。

その気持ちはわからないでもありません。なるべくみんなから浮き上がりたくないというのは、人間の自然な気持ちでしょう。でも、もし自分が変だなとか、どうしてだろうと思ったことが、あとから見たらとても大切な問いであり、疑問であったことがわかったとしたらどうでしょう。そこでせっかく問いや疑問を持ったのに、それを発展させられず、本当のことに近づけずに終わってしまうのです。悔しいじゃないですか。それに、その問いや疑問を出さなかったために、誰も本当のことに近づけずに終わってしまうことだってありえます。子ども、若者の問いや疑問は、とても本質的なものであることが多いのです。

ですから、問いや疑問を持ったら、できるだけ口にしましょう。それを誰かに言い、そこで議論するのです。議論し合う関係、これこそがこれからの社会に求められている最も大事な姿勢であり、能力なのです。

3 「教養」って何？

世界中で異常現象が起こっている!?

「自由になる」とは、また、ある種のバランス感覚を身につけることも意味しています。皆さんもよくご存じのように先進諸国は、生産力が上がれば人々は豊かになれるのだから、生産力を上げることを目標とする国家をつくるべきだ、ということで、みな必死で産業国家をつくり、結果として地球をずいぶん傷つけてしまいました。

とくに日本は、世界最初の「公害王国」でした。工場の廃水で海はドロドロになり、川には魚が住めなくなりました。「産業を発展させるためには、ある程度の環境汚染は仕方ない」という考え方でやってきたわけですが、そのために水俣病《みなまたびょう》やイタイイタイ病などの公害病が生まれ、人々が苦しめられることになったのです。言ってみれば、先進諸国は、地球という星のあちこちに、ガン細胞を植えつけてきたようなものです。

挙句の果てに、大気中には、炭酸ガスがどんどん増えていきました。本来、森の木や海のサンゴが、炭酸ガスを酸素に変えてくれるのですが、その許容量を超える炭酸ガスが排出されると、その保温力のために、大気の温度が上がっていきます。

太陽の光が地表に届くと、その熱エネルギーの大部分は地球によって反射され、宇宙へ逃げていきます。残りは大気中の炭酸ガスなどに吸収され、地球を温めます。以前は、これによってバランスが取れていたわけです。

しかし、大気中の炭酸ガスが必要以上に増えると、炭酸ガスは放射熱を吸い込み、熱エネルギーを蓄えてしまうのです。

今、地球の周りにはシーリングという厚さ十数キロの炭酸ガスなどを多く含む層ができています。そのために少しずつ、少しずつ、温暖化が進んでいるわけです。

こうなると、地球の生態系がすべて変わってしまいます。北極の氷はかなり溶けてしまっていますし、南極の氷も溶け始めています。

医学の発展、生活環境や食生活の向上で人の寿命が延びて、人口は増え続けていますが、このままでは、それを養っていくための食糧資源が十分確保できなくなる可能性があります。すでに今まで大量に捕れていた魚がいなくなるなどの現象が起こっていますが、絶滅している生物も増えています。

日本では、ここ何年かエルニーニョ現象がひどくて、暖冬が続いていますが、日本のみならず、世界中のあちこちで、「異常」気象が起こっています。

今後は、もっと重大なことが起こる恐れもあります。東京湾の水位が上昇してきて、近い将来、湾岸の街が水没する可能性もあると言われます。

膨大なエネルギーを使って大量生産し、それを消費してどんどん捨てていけば、たしかに経済は回ります。そういう論理でやってきたわけですが、今後もそれを続けていれば、地球の多様な生命の共存と存続が危うくなります。早急に、できるだけ少ないエネルギーで必要なものだけをつくり、廃棄物をなくす生活に切り替えなくてはいけません。

原料や燃料を運んで工場で大量に物をつくり、出来上がった物をまた各地に運ぶという行為には、膨大なエネルギーが使われています。でも、それぞれの家でできるものを手づくりすれば、エネルギー消費はうんと少なくて済むのです。

もう一度、手づくりの世界を見直すべきではないでしょうか。たとえば、野菜でも、自分たちが食べる分だけは自分でつくるようにすれば、生産や流通に使われるエネルギーがだいぶ減りますし、大量生産のために使われる農薬や人工肥料に頼ることなく、健康な農業が可能になります。少なくとも自分たちの食べる野菜や果物は、無農薬や化学肥料なしでつくりたいものですし、それは可能なのです。

昔はみんな、今ほどお金はありませんでしたが、それなりに幸せに生きていました。

多くのものを手づくりし、お互いに支え合っていたから、お金はそれほど必要ではなかったのです。お金がたくさんあり、何でも買えれば幸せであるとは限りません。

できるだけ資源を無駄遣いせず、必要なものだけつくる。そして、環境には徹底的に配慮する生活。その実現をまじめに考えなければいけない時代ではないかと思います。

日本とは違う物差しの国

ブータンに行ったとき、「先進国は失敗しているから、私たちは二の舞を踏まないようにしている」という話を聞きました。アジアの最貧国のひとつとされている国ですが、物質的な豊かさよりも精神的な豊かさを大事にしようと、「国民総幸福量（GNH）」を国の繁栄の物差しにすえたのです。「世界一幸福な国」とも言われています。

ブータンでは、集落が山の中腹に点在しているので、電線を張るだけでも大変で、まだ電気が引かれていない地域が多い。そこで今、国をあげて発電用のダムをつくろうとしているのですが、ブータンにしかいない有名な鷲《わし》がたくさん生息している地域にも、ダムをつくるという計画が持ち上がりました。ダムをつくると、集落に電気を引くことはできるけれど、貴重な鷲が生息できなくなるのです。

それを知った村の人たちはあれこれ議論して結局、ダムづくりをやめさせました。生態系を壊すぐらいだったら、電気のない不便さを受け入れることにしたのです。

近代化して生活をより快適かつ楽にするという論理で物事を進めていけば、生態系がどんどん壊され、生物の多様性も次第に失われていき、人間の自然との共生力もなくなっていく。生態系を守ろうとすれば生活上の不便さをある程度我慢しなければならないが、一方で自然と共生できる喜びが残る。そのどちらを取るかというとき、村人はダムをつくることをやめたのです。別の方法での発電を考えようとしたわけです。

国全体がそういう論理で動いているかどうかは別として、ブータンにはそういう考えの人たちがたくさんいます。近代化で生活は便利になるかもしれないけれど、環境は人工化されます。昔ながらの生活にこだわっていると不便で、今の時代に合わなくなってきているから少しは変えたい。でも一挙に変えたらいろいろと問題があるだろうから、環境に配慮しつつ少しずつ変えていく。前に進みたいけど、後ろにあるものも大事にしたい。つまり、どこにバランスの支点を置くかなのです。

ブータンの国土のほとんどはヒマラヤの麓ですから、大きな道路なんてつくれません。電話線も引けませんが、携帯電話だったら通信ができます。携帯電話によって、ブータンのコミュニケーション・システムはずいぶん発達しました。

急激な近代化は好まないけれど、時代のニーズに応じて必要なものは取り入れよう。しかし生態系を破壊するようなダム建設などについては、慎重でありたいと言います。そこがバランス感覚です。

教養とはバランス力でもある

一方、日本人は後ろにあるものの多くを捨ててしまい、ひたすら前に進んできました。多少不便だけれど、手づくりの喜びと多様性への配慮は得られる。それと便利で快適だけど、自分でつくったという喜びや手応えは少なくなり、環境問題をたくさん起こしてしまう。このふたつの方向のどこでバランスを取るかです。

あるいは、過去の中のよいものと、未来のすてきなものとのバランス。これをみんなで考えていったほうが、よい時代を迎えられるのではないでしょうか。

このことは、私たちすべてに問われていることだと思うのです。産業国家が先に生態系をあちこちで破壊してきましたが、現在では、中国やインド、あるいはブラジルなどが、その動きを追いかけて、かけがえのない自然の生態系を破壊しつつあります。

私たちはこのへんで、こう提言すべきでしょう。「私たちは近代化により、多くのものを得たが、同時に多くのものを失った。これからはエネルギー消費量を減らし、手づくりできる世界を見直して生活していくべきだ。原子力発電所（原発）がなくてもやっていけるような生活に切り替え、できるだけ地産地消を心がけていく。自分たちのところで必要な食料やエネルギーを可能な限り自産する方向を目指すべきだ」と。

原発を抱えている自治体は、それがあることによって多大な交付金をもらっているから、とりあえず、原発があることを容認しています。しかし、よく考えれば、福島の原発は、福島県内で使う電気をつくっているわけではありません。東京などで使う電気をつくってきて、今あれほどの迷惑を被っているわけです。

原発周辺の地域は事故で汚染され、もはや住めなくなってしまいました。「自分たちで使う電気は自分たちのところでつくるべきだろう」、そう言われたとき、東京の人たちはどう対応するのでしょうか。そういうことを考える知性が必要だと思うのです。

沖縄には、在日アメリカ軍基地の七四パーセントが集中しています。安全保障条約（安保条約）が必要なのはわかるけれど、国は七四パーセントもの基地が沖縄に集中している事実を、どう説明するのでしょうか。

沖縄の面積は、日本全体の〇・六パーセントを占めるに過ぎません。そこに七四パーセントものアメリカ軍基地があり、土地を奪われた人たちがたくさんいるわけです。「沖縄の人たちは、あまりにも気の毒だ」と、ここまでは誰でも考えます。

安保条約を守ったうえで沖縄の基地をなくすのであれば、それらをすべて本土に移さなくてはいけません。ここで具体的な対案を示さない限り、アメリカは基地の移転に反対するでしょう。アメリカにしてみれば、沖縄に基地が集中しているほうが便利ですから。

安全保障条約を前提に沖縄の基地を減らすというのであれば、本土に移すことによってバランスを取るしかありません。

これは環境問題と同じだと思うのです。「こうしたほうがいいんだろうな」とわかっていながら、それをなかなか実行に移すことができない。

この状況は簡単には変えられませんが、やっぱりバランス感覚が大事だと思います。そこを改めていかなければ、社会を変えられません。

その意味で、教養とはバランス力でもあります。若いときに学んだことを大事にしながら、さらに学び続けます。自分とは違う考え方を学び、何度もバランスを取り直していく、そういう生き方をしていくべきだと思うのです。これも自由になっていくということの中身です。

4　学ぶ目的を考え続けよう

学ぶのは山を登ることと同じ

知識をただ覚えておくだけでは、教養・知性にはなりません。頭のどこかに間借りしているだけです。それをその人なりに血肉化していくには、「考える」という作業が不可欠です。

「考える」というのは、新しい意味、あるいは因果関係を見つけていくことです。一見するとつながりがないように思えることも、それらを別の文脈や論理の世界に持ち出して丁寧に消化していくと、少しずつつながっていることが見えてくるから不思議です。

しばしば「真理はひとつ」だと言われます。エネルギーはさまざまなかたちで現象を生み出しているけれども、これはすべてある大きな法則に基づいている。私たちの心の中で起こっていることも、外で起こっていることも、すべてつながっているかもしれない、ということです。

お父さんとお母さんがケンカをしているのも、学校の授業が面白くないのも、試合でいい成績があげられないのも、大好きなあの子が僕のほうを見てくれないのも、もしかしたらすべてつながっているのかもしれない。そういうことが見えてきたら、ちょっと面白いと思いませんか？

そういうことが少しでも感じられると、ものの見方も違ったものになるでしょう。これこそが、教養を身につけるということのもうひとつの意味で、それはまた、学ぶことの意味でもあるわけです。

登山で、道なき道を登っていったら、自分のいる場所がわからなくなります。ところが、あるところまで来ると、急に見晴らしがいいところに出る。そうすると、「うわぁ、こんなきれいなところがあったのか」と感動すると同時に、自分が今いるところが、別のかたちで見えてくることがあります。

上に行けば行くほど、周りの山や空、遠くにある滝などが見えてきます。

学ぶというのは、山を少しずつ、少しずつ登っているようなものです。登るにつれて、見える世界が少しずつ大きくなり、広がっていきます。そして、自分が今いる場所が、徐々にわかってきます。

上まで行けばそういうことがわかるけれども、途中で周りを見ても木や草しか見えなくて、自分がどこにいるかわからないものです。これは皆さんが、学んでいる状況と似ています。

学ぶにつれて、いろいろなことがつながってきて、ものごとを俯瞰《ふかん》して見られるようになると、自分の立ち位置、さらには自分が生きている世界が見えてきます。学ぶということは、山を登ることと同じです。

知識がつながってくると、世の中がよく見える

いろいろな知識がつながってくると、世の中がよく見えてきます。それまで自分が経験的に知っていたことと、新しく教えてもらったことがつながって、もうひとつ高いレベルで意味を理解できるようになるからです。

そうすると、世界の見え方が変わり始めます。これが、学ぶことの醍醐味《だいごみ》です。

今までまったく文字が読めなくて、五〇歳になって、初めて文字を勉強し始めた女性がいました。彼女は、「文字を勉強してから、夕日ってこんなにきれいだったのか、と思えるようになった」と言います。

文字を読めるようになると、知識への水路が広がります。いろいろなことを理解し、それらの知識がつながってきたことによって、夕日の美しさに改めて気づいた、というのです。つまり、人間の美意識は、知識とその知識への水路を少しでも身につけた自分という存在の喜びにつながっているということです。

また別の、二〇代で初めて文字を勉強した若者は、「今まで平気で蹴《け》とばしていた木の根っこを、蹴とばせなくなった」と言っています。

やはり、文字を学び始めたことで、いろいろなものの命に気づいたのでしょうか。知識への水路を身につけていると、自分の周りのものを粗末にできなくなるようなのです。

学ぶことによって自分たちを支えてくれているものが見えてきて、自分の命とそれらがつながっていることに気づくようになった。そうすると、世界の見え方は、まったく変わってしまうというのです。そういうことがわかると、おそらく学ぶことはどんどん面白くなっていくはずです。

知識を共有することで、人類は生き延びてきた

人間は自由になるために学ぶ、という話をしましたが、知識を身につけるのは、決して自分のためだけではありません。自分が身につけた知識を、みんなで共有することで、その知識は生きた知識となっていきます。その知識をみんなで共有し、共に利益を得ていくことは、私たちが生きていく上で、欠かすことのできない知恵だからです。

それは、我らホモ・サピエンスが生き残った理由ともつながってきます。

猿から人間に進化してきた七〇〇万年ほどの間で、いろいろな哺乳類が途中で絶滅しています。現在、歴史人類学者がいろいろな仮説を出していますが、その中で有力なのが七万五〇〇〇年ほど前、今のインドシナ半島でものすごく大きな火山の爆発があり、

その噴煙で地球全体が暗くなった。そのために一挙に寒冷化し、それまで採れていた多くの植物が全滅してしまった。そこで生態系が大きく変わったために、ほかの動物や、多くのホモ属が絶滅した。唯一、その状況を切り抜けたのが、ホモ・サピエンスだったという説です。

生き残った理由として考えられているのが、彼らは、「そこはダメだ、あっちへ行ったほうがいい」などと、お互いの利益のために、水が出るところや暖かい住みかを得られるところなどを、教え合ったのではないかということです。そのようなホモ・サピエンスの生息の痕跡が世界のさまざまな場所に拡散しているからです。恐らく、お互いに助け合うことで生命を救い合ったのでしょう。

また、ヒト属は、小さくてか弱いから、大きな動物とケンカをしても勝つことができません。それを殺して食べることができたのは、共同する知恵があったからです。役割を分担し、共同で動物に立ち向かう。耳のいいやつが「あっちにいる!」と発見して仲間に伝えると、俊敏なやつが前から攻めて牛を追い込み、腕力の強いやつが捕獲する。

そうすれば、大きな獲物でも仕留めることができます。やがて言語が生み出され、それを使ってコミュニケーションをし、共同性を高めていった。そうして、上手に危機を切り抜けることにつながったのです。

共同・協力する力、一緒に困難を乗り切る力というのは、人間が人間として生き延びてきた原動力なのです。これは別の見方をすると、一緒に喜び合える力であり、この力があるからこそ、生きていて楽しいと思えるのです。これがやがては恋愛感情にもつながります。

たとえば、子どものころにやった、鬼ごっこやかくれんぼは、みんなで一緒にするからこそ楽しい遊びです。みんなで知恵を出し合って、新しい自分たちのルールを考えたら、遊びがもっと面白くなります。ときには、年齢の小さい子が交じっていて、「この子はおみそ」などと言ってその子だけ鬼にならないように配慮して、小さな子たちも一緒に遊べるように工夫したかもしれません。遊びは共同しないと楽しく遊べませんから、そういう力をたくさん学ぶことができます。

皆さんのような年齢になれば、友達同士でキャンプに行こうと、計画を立てることもあるでしょう。少し険しい道のりも、友達と一緒なら、頑張って歩き通すことができたりするから不思議です。わずかな水や食料しか持たないで、山で道に迷ってしまったとき、それを乗り切るのに大切なのは、まさに共同力です。みんなで一緒に何かに取り組んで、互いに喜び合う。困っている子がいたら、みんなで助ける。そうしているうちに、一緒に危機を乗り越える、共同的な危機管理能力が培われていきます。

みんなで一緒に学び合うことが大切

この二〇〇〇~三〇〇〇年で、文字・書物ができ、文化が伝わってきました。

文化は「この魚はこういうふうに下ごしらえをすれば、毒にあたらずに済む」とか、「こうすれば風が吹いてきても飛ばない」など、長い歴史の中で生み出されてきた人々の知恵やスキルをどれだけの人々とどのように共有するかという努力の中で生み出されたものです。

文化というのは、たった一人でつくられるものではなく、たくさんの人の中でつくられます。誰かが優れた芸術作品をつくったとしても、周りの人がそれを高く評価しなければ、残っていきません。ですから、文化というのは、いろいろなことを編み出す人と、それを評価して広めていく人との共同作品なのです。

その意味でも、文化の象徴である知識・学問・芸術・スキルを学ぶとき、「僕だけがわかればいい」というのは、正しい文化の伝え方ではないのです。

試験のとき、自分より成績のいいライバルが風邪をひいて休んだら、しめしめと思う、そんなさもしい考え方ではダメです。授業というのは、先生・生徒の一対一の関係で行われるべきものではなく、先生は生徒に向かって、「先生は問いを投げかけるけれど、考えるのはみんなだよ。みんなで共働して考えよう」と言うべきです。

生徒たちがともに学んで、理解していく。よく理解できていない子には誰かが教えてあげて、学びを共同化していく。仲間に教えることで、その人自身の知識も整理されて、理解が深まります。それが本来の学びのあり方でしょう。

個人的に本を読んだり、テレビを見たりして情報を入手することも大事ですが、それを独り占めするのは自分にとっても、相手にとっても損なのです。自分が持っている知識、入手した知識を周囲に伝え、みんなで共有していくことで人間は文化的になっていきます。

あるいは、それを元に議論し合って、友達からも貪欲に学んでいく。そうやってみんなで助け合い、共に賢くなっていく。わからない人がいたら、放っておかずに、みんなで教えてあげるのです。そういう姿勢が人類を救ってきたわけですから。

学ぶことを、個人主義化してはいけません。自分の知識をひけらかして、変に自慢し合うのではなく、共に語り合う、ときにディスカッションすることが大事です。「ねぇ、知ってる?」「それはちょっと違うんじゃない?」「いや、そんなことはないよ」などと、仲間同士で言い合いながら知識を共有していく。そういうことを大事にしながら、学んでいってほしいと思います。

失敗をして、臨機応変力を養おう

学びをまた別の角度からとらえると、困ったときに臨機応変に処理できる力を養う、というふうにも言えるでしょう。

自然・社会が変化すると、持ち合わせの知識では通用しないようなことが起こります。たとえば、これまでのやり方で作物を育てていたけれども、日照りが続いて、ほとんど作物がとれなくなってしまった。そういうことは、これまでの歴史の中で、多くの人々が経験してきたはずです。

そのとき、ある種の危機管理能力・臨機応変力を持っている人は、新しい栽培方法を試してみるとか、今までとは違った作物を育ててみるとか、少しの収穫でもたくさんの人が食べられるような料理を考えるとか、いろんな知恵を使って乗り越えることができたはずです。

学ぶというのは、既存の知識を頭の中に刷り込んでおくことだけに留《とど》まらず、そのときどきに起こる問題に対して、的確かつ臨機応変に対処していくことです。そこでは決まった答えなんてないから、自分でつくり出していかなければなりません。学びの中では、そういう訓練をしていくことも、とても大事なことです。

学校の理科の時間に、さまざまな実験をすると思います。授業では、実験結果がわかりきっていることをやるので、あれは本来の実験とは言えないですね。実験というのは本来、まだ答えが見つかっていないもの、ことに対して行うものです。ひとつの条件を変えたとき、どのようなデータが出てくるのかを観察するというときもそうです。自分なりにいろいろと試行錯誤しながら、答えを探し出していく。これが実験の重要な目的のひとつです。

生活の中で、何か困ったことが出てきたとします。たとえば、「うちの母ちゃん、入院しちゃったんだよ。どうやってご飯をつくろうかな」というとき、どう切り抜けていくか。そこで自分なりに考えて、料理をつくってみる。何度かつくっているうちに、「考えて工夫すれば何とかなるんだな」ということがわかってくるでしょう。そこで得た自信が、その後の生きる力になっていくわけです。

そういう意味では、いっぱい失敗したほうがいい。うまくいかないという体験は、臨機応変力を鍛えます。勉強でも、部活でも、何でもそうです。失敗したこと自体が、ひとつの大きな学びになります。そういうふうにとらえる視点を、ぜひ大切にしてください。

5　生きるために学ぶ

生きていてよかったと思えるように

先ほど、教養というバランス力を身につけるためには、考え続けることが大切だという話をしましたね。

特に、何のために生きるのか、どう生きたらいいのかということを一生懸命考えることは、自分の人生を意味あるものにするためにとても大事なことです。

人間というのは、自分で生きる時代や場所を選べるわけではありません。偶然、命を授かり、産み落とされたら、その時代、その社会を、生きていかなくてはいけません。

人間とは、そういう存在なのです。

貧しいスラム街で生まれる子もいれば、紛争地のど真ん中で生まれる子もいます。生まれるところもさまざまで、子どもはそれも選べません。生まれてからの条件にしても、何不自由ない裕福な家庭の子もいれば、塾に行かせてもらえない子、明日食べるのも大変だという子もいます。その中で「自分は生まれてきて、本当によかった」と思うために私たちは何をすればいいのでしょうか。

もちろん、その答えは簡単には見つかりません。いろんな人の意見を聞きつつ、試行錯誤していくしかないでしょう。

いろいろな生き方ができますが、やっぱりあとから振り返ったときに、「生きていてよかった」と思えるほうがいい。「頑張って生きてよかった」「世界広しと言えども、この体験は私だけの唯一のものだ」「私なりに、人生が深い喜びに満ちているということを知った」。せっかく生きるのだったら、そんなふうに思えるほうが得です。

ときには、一度決めた考えを変えなくてはいけないこともあるでしょう。そこで七転《しちてん》八倒《ばっとう》しながら、自分の生き方について一生懸命考え続けていく。それしかないのです。

そこで考えることを怠ったら、それ以上幸せになれないかもしれない。だから本当に幸せになろうと思ったら、とにかく考え、いろいろなものを学び取っていくことです。

それぞれが、与えられた命を充実させていく方法を探っていく。少しでも幸せな人生が送れるよう、自分なりに考えていく。さらには、たった一度しかない人生だから、できたら楽しく面白いことをやろう、と。「学ぶ」ということの目的は、結局、これらを探すことに尽きるのです。

一度、立ち止まって考えてみる

皆さんもそうだと思いますが、日本の多くの若い世代は、極めて狭い枠の中で生活しています。学校に行っても、授業、宿題、試験……の繰り返しで、「何のために学ぶのか」なんていうことを、ゆっくり考えている暇はありません。

常に何かに追い立てられている感じで、つい「言われたことをやるしかない」という態度になりがちです。

でも、ぜひ、いったん立ち止まって、「なんで、この問題を解かなくてはいけないんだろう」「なんで、こんなことを覚えなくてはいけないんだろう」と考えてみてほしい。「なんで？」と考えなくなると、学びについての、さらに深い問いには行き着かなくなります。「だって、入試があるからでしょ？」でおしまいです。あるいは、「勉強しないと先生に叱られるし」「偏差値が下がるから」という程度でしょう。目の前の目標を達成することしか頭にないと、なんのために学ぶのかというところまで、考えがいかないのです。

「何のために？」と考え続けるのは、たしかに面倒です。答えが、すぐには出ないのですから。しかし、自覚的に生き、与えられた命をできるだけ意味あるものにしたいのであれば、折に触れて、学ぶ目的を考えることはやはり必要なのです。

考えることをやめてしまうと、どうなるでしょうか。マスコミや流行《はや》りの意見に安易に流されます。「時代の風潮がそうだったから」などと言い訳して、やがて思考が停止してしまいます。

ものの来歴や歴史を知ることは、学ぶことの根幹にある

この本の冒頭で、僕自身は「なんで？」「何のために？」ということを問い続けないと、前へ進めないタイプだということをお話ししました。

そんな僕でしたから、高校に入って先生から、「カリキュラムとして決められているから、数学をやりなさい」とか、「いい点を取ったら東大に入れるぞ」などという雰囲気の進学校にはなじめず、次第にやる気をなくしてしまいました。そんな「勉強」は何か空疎で僕のいのちが求めているものではないと感じたのでしょう。

けれどもあるとき、国語の先生が授業で『万葉集』を取り上げてくれました。『万葉集』には赤裸々な恋心を歌った歌も収められています。

僕はそれまで自分のことを理系だと思っていたんだけれども、『万葉集』の世界が自分の心の中に響いてきて、素直に「いいなぁ」と思い、イマジネーションが湧《わ》いてきま

した。

それで参考書を買ってきて、そこに出てきた『万葉集』の歌を一生懸命に覚えようとしました。

『万葉集』は、雄略天皇《ゆうりやくてんのう》のこんな御歌から始まります。

「籠《こ》もよ　み籠《こ》もち　ふくしもよ　みぶくし持ち　この丘《をか》に　菜摘《なつ》ます児《こ》　家聞かな　名告《の》らさね　そらみつ　やまとの国は　おしなべて　吾《われ》こそをれ　しきなべて　吾こそ座《ま》せ　我こそは　告《の》らめ　家をも名をも」

これは今でも僕は諳《そら》んじられます。そこから歌をできるだけ覚えていって、今度はその参考書を持って、一人で奈良を歩くようになりました。当時、大阪に住んでいたのですが、奈良や京都を歩くのが大好きでした。

「あかねさす紫野行き標野《しめの》行き野守《のもり》は見ずや君が袖振《そでふ》る」という、額田王《ぬかたのおおきみ》の有名な歌があるでしょう。あの歌に出てくる標野にも行きました。そこで当時の情景をじっとたたずんで想像するのです。

また、普段はお客さんがいっぱいいますが、冬の奈良公園は誰もお客さんがいないので、静かで、万葉時代を想像して歩くのにはとてもよかったです。あのへんを歩くと、ちょっとエッチな道祖神もたくさんあって、それを見るのも思春期の僕にとっては楽しみでした。

そんなふうに僕は『万葉集』を見ながら、「ここを曲がったら、万葉美人が出てこないかな」と思ってイマジネーションを働かせる。そういうことを楽しんでいました。飛鳥《あすか》地域は特に好きであちこち歩き回りました。飛鳥寺にもよく行って、歩き疲れて、住職さんに「すみません、疲れたのでちょっと寝かせてください」と言うと、「ああ、また来たの？　こっちにおいで」と言って、裏にある家で寝かせてくれました。

僕はそういうことが好きだったので、ちょっとロマンチストなところもあったのです。はるか昔、ここにいろんな人が住み、いろいろなことがあって、今こうして我々が生きているんだ。また、どの時期に恋や戦があり、どんな人々が生きていたのか。そういうことを想像するだけでワクワクしていました。

本だけでは得られない「本もの」を探して、実際に現地に行ってみようとしたのでしょうね。それがイマジネーションの世界を豊かにしてくれたのでしょう。

歴史についての想像力が、何の役に立つのかはわかりません。でも、歴史は一朝一夕で生まれてきたものではなく、人々の連綿とした営みの中で生まれてきたもので、それらを知るのは、とても大事なことだと思っています。そうして、「もっと歴史をリアルに生きるべきだ」というふうに考えるようにもなりました。

一見、何の役にも立たないように思うかもしれませんが、ものの来歴や歴史を知ることは、学ぶことの根幹にあるのではないか、と思っています。

自分の命を輝かせるために問い続ける

あちこちでテロや戦闘行為を起こしているＩＳについては、ニュースなどで見聞きして知っていますね？　では、ＩＳは、なぜあんな残虐非道な行為をするのでしょうか。

彼らが置かれた状況を、少し考えてみたいと思います。ヨーロッパには、約五〇〇〇万人のイスラム教徒が移民として住んでいますが、その大半は、望んでも希望する仕事に就くことができないでいます。隠微な差別も多々あります。国に帰ればもっとひどい貧困が待っています。ここに、積年の怨念や恨みが発生する土壌があります。

もともとヨーロッパ諸国は、中東やアフリカ諸国を植民地としていました。かつて植民地だった国々では、国家建設がうまくいきません。大事なところはすべてヨーロッパ諸国に搾取されていたため、なかなか近代的な社会をつくれないのです。

そこで、より多くの富を求め、人々は〝本国〟ヨーロッパを目指します。ヨーロッパの人たちは、植民地支配の後ろめたさから、償いを兼ねて彼らを受け入れます。

しかし現実には、十全な読み書き能力がない場合がほとんどで、移民として来ても、給与の高い仕事にはなかなか就けません。子どもの勉強の面倒も見てやれないので、その子も落ちこぼれて、また給与の安い仕事に就くしかなくなる。この悪循環があって、移民の多くは貧困層になっています。キリスト教の習慣を、イスラム教徒が押し付けられるようなこともあります。

でも、彼らはなぜ、あれほど単純かつ支離滅裂なテロの論理に乗ってしまうのでしょうか。そこまで追い詰められていくのは、なぜなのでしょう。

ある人は、イスラム教圏の貧しい地域では子どもたちの多くは、その貧しさから脱出するために、勉強したいと願っていると言います。国際的な「支援」で学校はつくられます。でも教科書もない、先生もいない。やがて絶望が襲います。そういうときに原理主義者がやってきて、「お前たちはだまされている。富を独り占めしているヤツらにだまされているのだ」とアジります。「お前たちが幸せになるのには、あいつらを殺すしかない。それがアッラーの教えだ」とやられるわけです。こうして子どもが犠牲になるのですが、あわれに思った親や兄弟が身代わりになる。こうして自爆テロは再生産されていると言います。

ですから、ISがひどいことをしたからといってISの拠点を爆撃しても、根本的な解決にはなりません。敵を殺せば、なんとかなるという論理は通用しません。貧しさや差別、教育の不平等を、いかにして克服していくか。それが一番の問題です。

いずれにせよ、大事なのは「なぜ？」「何のために？」と考え続ける、問い続けることです。個々の人間が考え続け、問い続ければ、人間の社会は平和になり、戦争や殺し合いをしなくて済むようになるはずです。

一方、考え続けることをやめると、単純な扇動や怒りの論理に負けてしまいます。人々の思考が停止すると、特定の敵に対する怒りをかきたてる人が出てくるのです。「隣の国が攻めてくる！」「もうやっつけるしかない！」と思い込まされることから、戦争は起きるのです。

ニーチェは「『何のために』ということを問わなくなったときからニヒリズムが始まる」と言っています。ニヒリズムというのは、「もういいや」という諦《あきら》めの論理です。「何のために？」「なぜ？」「どうして？」と問わなければ、人間は思考停止に陥るのです。つまり、それは自分の命をおろそかにし、世の論理にまみれてしまうということです。

難しいことかもしれないけど、「なぜ学ぶのか」を考え続けましょう。「試験があるから」「先生に叱られるから」といった当座の意味を超えて、「なんで、こういうことを学ばなくてはいけないんだろう」「僕はいったい、何を学びたがっているのだろう」と問い続けてほしいのです。

このような問いは長い時間をかけて、その人の命を充実させていきます。それが結局、「生きていてよかった」という境地に到達するための最短の道になるのです。

学ぶのは「自分が幸せになるため」ですが、それは世間で言われるように、地位や名誉やお金を手に入れるという「わかりやすい」目標のためではありません。もっと深いところで、一人一人が自分らしい生き方を模索していくためだと思うのです。

第2章　自分の「好き」を見つける

1　何を学べばいいの？

好きなことは、簡単には見つからない

「中学・高校時代に、好きなことを見つけなさい」と、よく言われます。皆さんの中にも、そう言われた経験がある人がいるでしょう。

でも、「好きなことを見つける」というのは、そんなに簡単な話ではありません。

小学生くらいまでは、何の屈託もなく「これ、面白《おもしろ》そう。あれ、面白そう」と興味を持ちますから、好きなものや興味のあることは探しやすい。小さい子ほど経験の蓄積がありませんから、すべてが新鮮で、面白そうに見えて、対象にすぐに入り込むことができます。

ところが、それなりに自我が育ってきて、さまざまな経験もしてきた人間が、その後の人生を変えるような強烈なきっかけに出会うことは、そう容易ではありません。生きてきた年数が長くなればなるほど、蓄積されたものも大きいのです。今までの自分を一八〇度変えるほどのインパクトのある出会いは、そうそう簡単には得られません。

たとえば、五〇歳の人に突然、「今から自分の好きなものを探しなさい！」と言っても、たぶん面食らってしまうでしょう。五〇年間蓄積してきたものを背負いながら、新しいものを見つけるというのは、とても難しい。

君たちくらいの若い世代でも、経験の蓄積はたくさんあります。「あれをやってみて、うまくいかなかった」「これをやったけど、失敗しちゃった」「部活で、こういうことがうまくできなかった」「あることがきっかけで、友達との関係がうまくいかなくなった」などなど。

そういう経験的蓄積を大事にしながら、「私って、いったい何なのだろう、何がしたいんだろう」と思い迷っているわけです。そんなに簡単に「これがいい！」と思えるものに出会えるわけではありません。あるいは、「好きなものを見つけよう」と決意し、一カ月間ほど一生懸命探せば見つかるなどということも、まずないでしょう。

だから、「これは、ちょっと面白いかもしれない」「これに少しこだわってみようかな」、まずその程度のものを見つけることから始めればいいと思うのです。

二〇一五年の日本民間放送連盟賞・特別表彰部門（青少年向け番組）で最優秀賞を受賞した『ウッティ発！ アンニョンハセヨ！ ワタシ桑ノ集落再生人』（テレビ山梨）という番組があります。

少子高齢化が進む山梨県市川三郷町《いちかわみさとちょう》山保《やまほ》は、かつて国内シェア八五パーセントを占めた桑の品種・一瀬桑《いちのせくわ》の発祥地です。縁もゆかりもない集落に飛びこんだ韓国人ハン・ソンミンさんと妻の楠三貴《くすのきみき》さんは、使いみちのなくなった一瀬桑を利用した桑の葉茶をつくり始め、集落を活性化させ、若者を増やそうとします。これは、彼らの四年間の奮闘ぶりを追ったドキュメンタリーです。

この番組の中で、一人の中学生の男の子が、ハンさんのところに手伝いに来ます。彼は「農作業をしているうちに、すごくすがすがしい気持ちになってきた」と言います。汗をかいて働き、何かを得る。収穫した桑が加工されて、見事なお茶になっていく。そういうことを見たときに、やりがいを感じて、生きている実感を得られたんだと言います。そして、二、三年手伝ううちに、「将来、これを仕事にしてみようかな」と思い始めたのです。

この中学生の場合も、最初から好きで、農作業を始めたわけではありません。たまたま面白い取り組みをしている韓国人が近所に住み始めて、その仕事を見に行ったら、「おい、手伝わないか」と誘われた。そこで手伝っているうちに、だんだん、その仕事の意味や面白さがわかってきたというパターンです。

同様に、なんらかのアルバイトやボランティア体験を通して、「この仕事って意外と面白い」というところから、好きなことが見つかる人もいるのではないでしょうか。

世界中を旅して、自分のやりたいことを探してみる

僕には三人子供がいて、一番上の娘は、中学生のときはプロ野球ファンで、好きなチームの試合をよく見に行っていました。だから、夜遅く帰ってくることもしょっちゅうでした。

その次に、サッカーを好きになって、これもよく、試合を見に行っていました。当時は、ちょうどJリーグが始まって、サッカー人気が高まっていたころでした。高校はサッカーの強い高校に行きたいと言って、入学後はマネージャーになったのだけれど、それを自分の一生の仕事にしたいとは思えなかったらしく、途中からまた、パッと切り替えました。

高校時代のあるとき、僕は彼女に「弁護士っていう仕事はいろいろ専門分野があって、今これと決めなくてもやりながら見つけられるんじゃない?」と話したのです。弁護士には「この分野の弁護をしなくてはいけない」というものがなくて、クライアントに応じながら、徐々に得意分野ができていきます。たとえば、人権派の弁護士とか、労働問題を中心に扱う弁護士とか。弁護士は、自分で興味を持っていることを仕事に生かしていける。そういう意味ではつぶしが利《き》くよ」と。彼女はそれで「弁護士になってみよう」と思ったようで、大学の法学部に進学したのです。

一年浪人したけれど、その間は予備校に行かず、毎日、裁判所に通っていたようです。ちょうどオウム真理教事件の一連の裁判が、頻繁に行われているころでした。

ところが、大学に入って、一カ月法学部の授業を受けてみたら、「こういうものの考え方は、私には合わない」ということに気づいたそうです。法的な思考は、感情をひとまずかっこでくくっておいて、法的な根拠に基づいて物事を考えていきます。長女は、どちらかというと、そういうことが苦手なのです。

それでどうしたかというと、大学では単位を取ることを最低限の目標にして、一年生の初めから、バックパックひとつで世界中を歩き始めました。

七月末の一学期の最後の日に、成田空港から電話がかかってきて、「今から、ちょっと行ってくるから」と。まずトルコに行き、船がなかったからロードス島で何日間か泊まっていたとか。このときは、大学に履修届を出さなくてはいけないからということで、結局、履修登録にぎりぎり間に合う一〇月の中ごろに帰ってきました。

　また、ある年はレバノン、シリア、イスラエル、ヨルダンあたりを歩いてきたり。バングラデシュに行って、そこでインフルエンザにかかって、ネパールで一カ月、ホテル暮らしをしていたこともありました。そのときは「毎日ヒマラヤと向き合っています」というメールが来ました。インドのベナレスで一カ月暮らしていたこともありました。ベトナムやラオスにも行きました。最後は二カ月半、アフリカを一人旅していましたね。

　そういうふうにして、自分が何をしたいのか探していたんでしょう。それは未《いま》だに見つかっていないようで、四〇代になった今も、仕事をしながらアロマテラピーの資格などを取って、自分の好きなことを模索しています。今までにいろいろなことをやっているから、経験はたくさんあるのだけれど、まだ職業に生かしきれていないということなんでしょう。

自分の人生は自分でつくる

息子の例もお話ししましょう。長男は中学時代、遊ぶことと部活動は一生懸命やっていたけれど、学校の勉強はたいしてやっていませんでした。塾にも行ったことがありません。

僕があるとき中三になった息子に、「お前、高校はどうするの？」と聞いてみると、「今、考え中」という答えでした。秋になって再び、「どこの高校を受けるか決めたの？」と聞くと、「決めた」と。「どこに行くの？」と聞くと、「受けない」と言うのです。

どうするのかとさらに話を聞いてみると、「受験勉強なんかやっても意味がない。あんなことやっても、賢くなると思えない。だから、俺はイギリスに行く」と。僕が驚いて理由を尋ねても、明確な答えはありませんでした。おそらく、僕の妹家族がイギリスに住んでいて、一度連れて行ったことがあったから、それで思いついたんだろうと思います。

長男の同級生に、中国からの残留孤児の子息がいました。彼は小学生のときに日本に来て、最初のうちは中国語しか話せなかったのだけれども、今では何の問題もなく日本語を話せるし、中国語も話せる。それを見て、日本で英語を勉強するよりも、イギリスに行って生活の中で英語を学んだほうが絶対にいい、と思ったようです。

でも、それだけが理由ではないと、僕は思っていました。息子にしてみれば、親が物分かりのいいような顔をしてそばにいるのが、わずらわしいんじゃないかと。「自分の人生は自分でつくっていきたいから、放っておいてくれ」と言いたいのではと思ったのです。

僕はそれもいいと思ったのですが、息子がどのぐらい本気なのかがわからない。それで、「イギリスに行くのはいいけれど、病気になって戻ってきたら困るから、日本の高校も受けておいたらどうだ」と言ったら、そのときは「うーん」と言っていました。

でも一月になって、本人から「イギリスで行ける高校、探してくれた？」と言ってきて、本気だというのがわかりました。それから、試験なしで受け入れてくれるイギリスの高校を探しました。

三つあった候補のうちから、ウスターソース発祥の地であるウスターシャ州にある、ブロムズグローブ・スクールというところに決めたんです。「なんでそこに決めたの？」と聞いたら、「校長先生がすごくいい人だったし、食堂の飯が一番おいしかったから」と。

四月になってイギリスへ渡ったのですが、彼なりにいろいろ苦労したようです。全寮制なのだけれど、英語がわからないから、明日何時からどこの教室で授業があるのか、ということすら誰にも聞けない。それでも半年ぐらい経《た》ったら、授業の内容がだいたいわかるようになったそうです。とにかく英語が全然できなかったから、英語の訓練クラスにも出ていたけれど、こちらには一切連絡もありませんでした。

そんな長男も、今ではドイツのケルンというところに住んで、森林評価士という、親が想像したこともないような仕事をしています。

好きなことを根気強く探していこう

早い時期に、何かビビビッと来るものに出会える人も中にはいますが、多くの人はそうではありません。だから焦ることなく、とにかくいろいろなことにトライしてみることです。人の話を聞き、興味を持ったことについて、動き出してみる。

それをきっかけにして、今までの自分にはなかったものを探っていきます。「未知の世界を体験してみたい」という気持ちを持つことから、すべて始まるのです。

自分の一生の仕事になるかどうかはわからないけれど、「なんかこれ、面白そう」と思うものを探していくこと。間違っても、点数や偏差値だけで人生を決めたりしないことです。

僕は子どもたちに、こんなふうに言いました。「一八歳で人生を決めるなんて難しいだろう。俺は理系に行った後、文系に行ったから、初めて給料をもらったのは三四歳だった。大学に一四年間もいたからね。だから、慌てることはない。一八歳で人生を決められないのだったら、高校を一年休学してアジアの国々を歩いてみる。そういうことをやってもいい」と。

人生なんて半分偶然で、たまたま、今いる会社に就職できたからという人がほとんどでしょう。だけどそこで働き、三〇～四〇代になったころ、ほんとうにやりたいことがだんだんと見えてきます。それならば、後半の人生を、それに賭《か》けてみるのもいいのではないでしょうか。

これだけ価値観や選択肢が多様化した社会の中で、「何かひとつに決めろ」と言われたって、そんなに簡単に決まるわけがありません。あれも面白そうだし、これもちょっといいかなと思うでしょう。そうやって、いろんなことに出会いながら、「こういう生き方もいいな」と思えるものを見つけていくしかありません。

アルバイトで子どもの面倒を見たらすごく面白かったから、保育士の資格を取ってみるとか。芸術系の仕事が好きで手伝っていたら、「お前、才能あるな」と言われ、本格的に取り組んでみるとか。たまたま出会った仕事がすごく深いことがわかって、「これに真剣に取り組んでみよう」と思うとか。

何でも、半分は偶然なんですよ。偶然なんだけど、根っこは、その人がこだわっているものにつながっています。つまり、偶然の中に必然があるということです。自分の好きなものを焦って見つけようとしなくてもいいけれど、根気強く探し続けていきましょう。そのために、何にでも一歩踏み出してみることです。そのためには、いろいろな人の話を聞くことです。

コミュニケーションの基本は、聞き上手になること

とはいえ、人と話をするのが苦手だ、という若い人も増えているようです。

人間にはいろんなタイプがあります。自分は知らない人とペラペラおしゃべりすることに抵抗を感じる。自分の思いを言葉にすることに大きなハードルを感じて、しゃべった後には決まって「これでよかったのかな」とくよくよ考えてしまう。そういう生まれ持った性質は、簡単には変わりません。自分のタイプを無理に変える必要はないけれど、それについて自分なりに受け止め、得手《えて》不得手もある程度把握しておくといいでしょう。

あくまでもそこで自分をジャッジする必要はありません。みんなと同じでなければいけないという気持ちが強いと、自分がそうできないことに劣等感を持ってしまい、自己否定につながります。自己否定することに、いいことはほとんどありません。

人と接する場合、一番大事なのは聞き上手になることだと思います。気楽なことでいいから、まずは話しかけてみるといいと思います。「どちらからおいでですか?」「そこは何県ですか?　ここに来るのにはどのぐらいかかるのですか?」「何か名産はあるのですか?」「歴史の古い町なんですか?」「お生まれもそこなんですか?」など、とにかくいろんなことを相手に聞いてみたらいいのです。

自分のことを先に出そうとすると、何をしゃべっていいのかわからなくなります。そして、しゃべらなければいけないことが見つからず、話題を合わせることがなかなか難しくなるのです。そうなると、つい黙り込んでしまうから、相手から気難しい人だと思われてしまいます。

ですから、自分を出すのではなくて、相手の話を聞く。つまり、聞き上手になる練習をするわけです。

たとえば、「あれ、ステキなマフラーをしてますね」と話しかける。「私は今、マフラーを買おうと思っていて、あちこち見て、迷っているところなんです。それはどちらで買ったんですか?」なんていうふうに、会話をしていけばいいのです。

いきなり人と話をするというのはハードルが高いというのなら、「今日はお母さんに一〇個質問しよう」というのを、自らに課してみるのもいいかもしれません。

そうやってお互いに、相手の話に耳を傾けるのです。コミュニケーションの基本は、カミングアウトすることではなく、相手の話を聞いて共感することです。

「へぇ、面白い」「へぇ、それは知らなかった」「へぇ、すごいですね」などと言いながら、相手の話を上手に引き出していきましょう。これは自分のことを相手に伝えるよりも、ずっと楽しくやさしいことです。

2　自分に合った勉強法を見つける

学校の勉強が自分に合っていないのかもしれない

そもそも、学校で何をどう学ぶかということは、実は学校自身が決めているわけではありません。それぞれの時代に合わせて、その人が社会に出たときに、どんな生き方・働き方をするか。そのときに役立つように訓練しているのです。

たとえば世の中が、オフィスでの事務仕事で、帳簿をつくってきっちり帳尻を合わせていく仕事を重視していたときには、学校でも計算をきっちりとやることに力を入れていました。だから、よくわからなくても、机に向かって我慢して授業を聞く。あるいは、期日までに宿題を仕上げる。学校ではそういう訓練をしていたわけです。

それ以前、みんなが農業をやっていたころは、みんなが一斉に何かを同じようなペースでやる必要はありませんでした。農業というのは、天気や体調に合わせて、自分でコントロールしていくことが、むしろ求められていたからです。だから、江戸時代の寺子屋や手習所では、朝だいたい八時ごろに来ればいいし、どこに座って勉強しようが自由でした。

しかし、高度経済成長の時代になると、工場でみんなが同じリズムで働くようになりました。集団でひとつのものをつくっていくわけですから、「俺は今日、体調が悪いから、ちょっとゆっくりやる」というのは許されません。

それがもっと顕著なのは、軍隊です。明治になると徴兵制になり、農民も命令で動ける人間にならなければいけなかった。その練習も学校でやるわけです。今でも、「気をつけ」「前へならえ」「休め」というのは学校でやっていますが、元来は軍隊での訓練です。

戦後、試験の点数で振り分けていく制度が、学校教育の中にも採用されました。きちんと計算が合い、二分法で正誤をはっきり分ける。中間の答えはありません。先生によって、つける点数がまちまちでは困るから、誰が見ても同じ点数をつけるような問題だけを出していきます。

そこでは、「正しい」答えを出せば点数がもらえますから、生徒の側も自分の考えを独自に展開する必要はあまりありません。言われたことを正確に覚え、再現できることが学力評価の中心なのです。

そんなふうに、今の社会が求める人間像を前提として、カリキュラムがつくられているわけです。けれども、今行われている教育が、みなさんが生きていく将来にも通用するやり方であるとは限りません。社会は学校よりももっと早く動いています。

現に、世界の働き方は変わってきていますね。たとえば、アメリカのシリコンバレーなどにあるようなトップ企業では、仕事の出来栄えがよければ、働く場所や就業時間、服装など、働き方は社員の自由に任せるのが当たり前になってきています。アイデア勝負の時代ですから、インスピレーションが湧《わ》いてきやすい環境で仕事をしたほうがいい、という考えからです。それだけでなく、仕事の内容もどんどん変わっていくでしょう。なにせ、コンピューターができることは、どんどんコンピューターがしてしまう時代になるわけですから。

それを踏まえると、これからを生きる皆さんは、どんな学力をつけていけばいいのでしょうか？　「これだけは覚えておきなさい」「こういう解き方だけはしっかりと暗記しておきなさい」というように、教えられたことだけはちゃんとできる、でもそれ以上ではない、そういう学力では困るわけです。

ですからこれからを生きる皆さんは、学校や塾で「これを覚えなさい」と言われたことだけを覚えていればいい、という発想で満足していてはいけないのです。それ以外の学びを、自分なりに工夫して大事にしていかねばならない時代になってきたのです。

丸暗記は意味がない

これからの時代、一番ダメな勉強法は、「ただただ言われたとおりにやる」とか「機械的に何の工夫もなく丸暗記する」などでしょう。皆さんは、そんな勉強のやり方をしていないですよね。

とくに丸暗記というのは、その問題の背景にある意味を考えない、そもそもそうした問題が正当かどうかも考えさせない方法ですから、本当の意味での力にはなりません。

たとえば数学の公式には、「こうすれば答えが出てくる」「このパターンに変えてみると、見えやすくなる」というコツや解き方があります。それを知ったときに、「こうすれば答えが早く出るって、誰が見つけたの？」「ここに補助線を引いたら答えが見えてくるって言うけれど、どうやって、この補助線を見つけたの？」といった根本的な疑問を持つことが、すごく大事なのです。疑問を抱いて、「なんで？」という問いを繰り返し、その回答に納得すれば、確実に伸びますし、より高いレベルのことも理解できます。

そう、これまで言ってきたように、ただ知ればいいのではなく、そこで疑問を感じ、どうして？　と思い、「考える」ことが大事なのです。

ところが、生徒が「どうやってこの補助線を見つけたの？」と質問しても、多くの先生は、あまり上手に説明をしてくれません。「この問題は、こういうパターンを持っているから、こういうふうに置き換えると構造がよりよく見えてくる。だから、ここに一本、補助線を引いておけばいいんだよ」。なんか、わかったような、わからないような説明がせいぜいです。

「なんでそこを二乗するのですか?」と聞くと、いい先生は次のように答えます。「今のは、いい質問ですね。二乗したらプラスになるでしょう。二乗しないとマイナスになって、非常に煩雑になってしまいます。だから二乗して、全部プラスにした上で、どちらが大きいか比べるのです。その後で、元に戻せばいい。わかりやすくするために、ひとまず二乗するんですよ」と。

これなら、まあ「なるほど」と思うかもしれません。でもそういう質問をする生徒自身の姿勢が大事なのです。

もっとも日本では、先生の対応の仕方にも問題があります。日本では、質問をしても、先生は「君はいい質問をしたね」とはなかなか言いません。たいていは「あとでね」と言って、ごまかしてしまいます。

アメリカに留学した人の話だと、アメリカと日本の教育では、いろいろな違いがあるそうですが、積極的に質問する生徒を高く評価するという点は、アメリカのほうが先に行っていると言います。アメリカでは、よく質問してくる生徒は伸びると考えられているからでしょうか。

　またアメリカでは、「君はなぜそこがいいと思ったのか、理由を言いなさい」と、聞かれることも多い。そういうとき、「なんとなく」なんていう答えは通用しないので、いや応なしに理由を考えます。自分はなぜその方法を取るのか。それは、ほかの方法よりも、どういうところが優れているのか。それについて、きちんと説明できて初めて、本当にわかったことになる。

　一方で、先生は、「わからないのなら、説明しよう」と言います。この子にわからせなくてはいけないと思ったら、非常に丁寧に説明してくれる先生が多い。大学でもそうです。

　受験勉強をするとき、短い時間内で全部やろうとすると間に合わないから、どうしても丸暗記することになりますが、丸暗記、棒暗記したものはすぐ忘れてしまいます。なぜなら、そういう言葉や概念には、「こうだからこうなる」という因果関係の世界がないからです。我々は、因果関係を理解して初めて、「なるほど」と思うものなのです。

自分が「やりたい勉強」に変えていこう

自分に合った勉強法を見つけることはなかなか難しいので、とりあえずはいろいろやってみるしかありません。受験勉強も含めて学校の勉強を楽しむコツは、「やらされている勉強」から「やりたい勉強」へと変えていくことです。

たとえば、中間テストや期末テストなどの定期テストがあり、教科書のある部分を覚えなくてはいけないとき、書かれていることを、機械的に丸暗記するのではつまらないですよね。

丸暗記が得意な人もいるけれど、たいていの人は苦手でしょう。そういう人は勉強ができないのではなく、意味がわからないものを覚えようとしないだけです。逆に、そういう人は意味の世界をつくりだすのが上手だから、文学作品を読むと、いい解釈ができたりします。

一方で丸暗記することだけが好きな人は、実はあまり意味のことを考えていないから、あるところで学力が伸びなくなることもあります。もちろん丸暗記でも、自分なりに工夫してやるならいいのですが、丸暗記というのは、記憶として長く続くものではないし、効率のいいものでもありません。

もし、テストの範囲についてはどうしても覚えなくてはいけないというのであれば、自分で問題集をつくってしまう方法があります。

まず教科書を見て、「どこがテストに出そうか」と考え、これは、と思うポイントを見つけて、穴埋め問題をつくります。そうやって、大事なところとそうでないところを読み分ける練習をするのです。これは、単なるヤマカンとは違います。幹の部分と枝葉の部分を嗅《か》ぎ分ける力がないと、試験範囲の中で勘所を見つけられないからです。

たとえば社会なら、「Aという事件は××年に起こり、B氏とC氏が対決して△△年に〇〇した」という単純な問題をつくります。この問題をつくるには、教科書やノートを見直さなければなりません。

「B氏とC氏が対決して」というところの答えを、カードの裏に書いておくか、専用ノートをつくって、次のページに答えを書いておきます。そうすると問題をつくっているうちに、ほとんどのことを覚えてしまいます。

問題ができたら、答えの部分を隠し、友達と解いてみます。そこで、「俺のほうが正解が多い」なんて言いながら、遊び半分で当てっこしていれば、どんどん覚えていけます。

今はパソコンがあるから、問題は簡単につくれます。作文して、ところどころ言葉を隠し、答えは別のところに書いておきます。暗記物に関しては、自分なりに穴埋め問題などをつくり、何度も繰り返し解いてみます。自分でつくった問題は、ことのほか、よく覚えているものです。

あるいは、国語の教科書の中で、大事な漢字が書かれている箇所を穴埋め問題にして、平仮名だけで書いておき、あとから漢字で書いてみます。

数学であれば途中まで式を書き、あとで穴を埋めていきます。あるいは問題の裏に公式の導き方を書いておいてもいいでしょう。ある程度慣れたら、教科書や参考書の問題を見ながら自分で問題をつくってみます。そのぐらいまで行くと、苦手な数学がだんだん面白くなってきます。

出題される問題をあらかじめ予想し、問題集をつくるのです。「先生はたぶん、こういう問題を出すんじゃないかな」「ここの部分は何度もやっているから、ばっちり」。そんなことを考えながら、「させられている勉強」を、いつの間にか楽しみに変えてしまうのです。これは意外と有効です。

パソコンの中に「受験対策ファイル」というのをつくっておき、定期試験のたびに、そこに問題をたくさんためておきます。すべての科目について問題をつくり、答えも記しておけば、中学三年生や高校三年生になって受験勉強をするとき、それを見直せます。つまり、自分だけのオリジナル問題集ができあがっているというわけです。

僕の場合はさらに「できるだけ細かく、たくさん問題をつくってやろう」と思っていました。一気にやるのは大変ですが、定期テストでは、出題される範囲が決まっているので、その範囲だけやればいいのです。

今は手間暇かけてやらずに、手っ取り早いものを使おうとする人が多いですね。教科書に暗記用のペンで線を引いて、緑色のシートをかぶせて暗記している人がいると思います。それも悪くはないのでしょうが、自分で書いて問題をつくったほうが、ずっと確実に覚えられます。自分で問題をつくるというのは一見面倒くさいけれど、実は一番近道です。手間暇かけてやったことは忘れないからです。

試験勉強で、言葉や式、解き方を覚えなくてはいけない場合、そのままでは形式的な記憶になってしまいます。できるだけ、楽しみながらできる方法に切り替えてしまいましょう。

勉強をゲーム化してみる

うちの長男は漢字を覚えるのが大嫌いで、しょっちゅう「やな漢字（感じ）」と言っていました。中学二年の夏休みに産休代替の先生が来たのですが、運の悪いことに、その先生が漢字マニアだったのです。

夏休みの宿題は、四〇枚あるざら紙の先生作成の漢字ドリルを一日一枚やることでした。その宿題が出たとき、彼は怒っていました。僕は「あいつは漢字が嫌いなのに、どうするのかな」と思っていたのですが、八月一五日のお盆の日に決意して、朝からそれに取りかかりました。

僕らが出かけると言っても彼は「出かけない」と言い、夜帰ってきてもまだやっていました。僕が「面白いテレビやってるぞ」と言っても「見ない！」と言い、「そろそろ寝るぞ」と言っても「まだ寝ない！」と続けていました。

結局、朝の四時ごろまで、二〇時間ぐらいかけて、ドリルを全部やったようです。全部終わるまでやめないという決意をして、必死になって取り組んだのです。

つまり、長男は、漢字ドリルを一種のゲームにして戦ったわけです。全部終わったら「俺は勝った！」と、すごく喜んでいました。僕はそれを見たとき、「こいつはどんなことでも、ゲーム（遊び）にして、やりとげることができる男なんだな。これなら心配ないな」と思ったのです。これは、小さいころからしっかり遊んできたことの成果だと思っています。

僕は子どもたちをよく山や森へ連れて行ったのですが、帰りの中央道はすごく渋滞します。そういうとき、宮沢賢治の作品の朗読テープをひたすらかけました。車の中で同じものを何十回も聴いているから、うちの子どもたちには宮沢賢治の作品が、かなり刷り込まれています。

そのほか、渋滞で車が動かないときは退屈だから、前の車のナンバーを見て「三・八・二・四を足して掛けて割って引いて、一〇をつくる競争だ」とやったりしました。競争をさせて、早くできた子には「なかなかやるね」とほめ、「父ちゃんは、もうひとつ、別のやり方を見つけたぞ」と言ったりしていました。これは一種の退屈しのぎですが、「頭の体操」になりますね。もっと幼いころは、とにかくしりとり遊びを延々と続けることもしました。

中学生になったら魚偏の漢字をどれだけ書けるか、「た」と読む漢字をどれだけ書けるかなどを一緒に競争したりしました。中学生ぐらいになるとだいたいの漢字が出てくるから、そういう遊びができるのですね。日本語には意外と同音異義語が多いから、楽しい遊びになります。

僕自身も、小学校高学年のとき、親父《おやじ》とそういう遊びをしていました。寿司屋の茶碗《ちゃわん》に、魚偏の付く漢字がたくさん書いてあるでしょう。あれからヒントを得たのです。だから魚偏の漢字は、だいたい覚えています。

山手線の駅を順番に、しかも全部漢字で書いてみるのも、おもしろいですね。覚えるのが面倒くさいものは、そうやって全部ゲームにしてしまうといいのです。

長女は、漢検を受けるほどの漢字マニアなのですが、小学生のころは、漢字を懸命に覚えるなどということは、まったくしませんでした。この子にはこんなエピソードがあります。夏休みの宿題を全然やらない子で、八月三一日になって、「あっ、宿題やるの忘れてた！」というタイプです。四年生のとき、九月になって、学校から持って帰ってきた答案が机の上に置いてあったのですが、二六点。ほとんどバツが付いていました。

「一学期に習った漢字の復習テスト」でしたが、四分の三は間違っていました。ふつう、漢字がわからなかったら書かないでしょう。ところが、長女は、全部書いているのです。それで四分の三がバツ。よく見ると、わからない漢字は、全部自分で考えてつくってあるのです。造字のオンパレードです。それを見て、吹き出しました。

こんなふうに、勉強をゲーム化するのは、要するに、ある種のユーモア精神を発揮しているということです。「ねばならない」ことを、言われたとおりにやっていると精神が固くなり、徐々にゆとりがなくなってきます。最終的にあることを理解できればいいのだったら、プロセスを楽しませてもらいます。そのために、少し下品なやり方もさせていただきます、ということです。

これが精神のゆとりですよね。堅苦しいところに、ふと入ってくる笑いを、ユーモアと言います。人間が緊張しているとき、リラックスさせたり、病気になって体内の循環が悪くなっているとき、血の巡りをよくさせたりするのがユーモアの効用です。

いつも言われたとおりにやっているのでは、ユーモアのセンスは身につきません。ユーモアというのは、落語や漫才を聞きさえすれば身につくものでもありません。自分が精神的に追い詰められているとき、ストレスの原因となるものをサラっとかわす。さらにはそれを、少しでも面白いものに変えてみる。そういうことを日々練習することによって、ユーモアが身につくわけです。

義務的な学習を、少しでも面白い学習に変換していくのは、非常に大事なことです。真面目《まじめ》に丸暗記するというよりは、それを少しでも遊びにしてしまいましょう。娘はそのあと漢字に興味を持ち、漢検を受けるようになったのですが、その素地は小学生からあったのだと思います。

ご紹介した以外でも、いろいろな遊び方があると思います。歴史をすごろくにして、あるコマに行ったら、五年（五コマ）戻らなくてはいけない、など。それを考えている時間は、一見無駄に思えるかもしれないけれど、上手に遊びにするということ自体が、大事な知恵なのです。

雑学やうんちく話を積極的に学ぼう

知り合いに、高校で数学の先生をしている人がいます。進学校ではない、どちらかというと勉強を苦手とする生徒が集まった高校です。

授業で「微分」を取り上げるとき、微分を学ぶことの意味を理解させるために、その先生はある工夫をしました。

生徒たちに折り紙を一枚ずつ配り、次のように言いました。「これからこの折り紙の四隅を切って、升をつくってもらう。升ってわかる？　昔、米や大豆、お酒を量ったものだよね。上から見ると正方形で、ある程度高さがあり、そこに米や水を入れる。各自で考えて、一番たくさん入る升をつくってほしい」と。

最初のうちはみんな「えーっ」と言っていたけれど、やがて真剣に考え、模索し始めたそうです。ある生徒が「底面積を広くして、高さを一センチぐらいにしたら、たくさん入るんじゃない？」と言うと、「でも、それしか高さがなかったら、ちょっとしか入らないよ」と、ほかの生徒が言います。

あるいは、「底面積を狭くして、もう少し高さを持たせたら、たくさん入るんじゃないの?」という意見には、「でも底面積が狭いから、あまり入らないよ」と反論も出てきます。「じゃあ、その真ん中ぐらいがいいかな」「それはどれぐらいだろう」。そんなことを言い合いながら、いろいろ試して、みんなが、なんとか升をつくりました。

そのとき、彼は、こう言ったそうです。「実は、これはある計算をすればわかるんだよ。今、みんなに配ったのは一辺二〇センチの折り紙なんだけど、高さ何センチ、縦横何センチにすると、一番たくさん入るか。そういう計算の仕方を、微分って言うんだ。微分は小さく分けていくことで、積分はかけたものを全部足していくこと。高さを増せば、一辺は短くなる。では、高さと一辺との関係はどうなるか。これは一辺二〇センチの折り紙だよね。高さをhセンチとしたら一辺は何センチになる?」

こうして、微分という難しい数学を、具体的に考えさせていったわけです。実際に生徒が計算してみると、一辺何センチ、高さ何センチの升なら水が一番多く入るのかがわかります。そうすると「数学ってすごい!」ということになるわけです。

機械的に丸暗記させるのではなくて、これを学ぶと、何がわかるのか、何がすごいのかをあらかじめ説明する。自分たちの日常の感覚に近づけて、それを説明してくれると、授業は面白いでしょう。

権威づけられた知識や、社会的に間違いないとされている知識、学問において重要な基礎知識を覚えていくことはもちろん大事ですが、どうしても日常の生活から切り離された知識になりがちです。

そう考えると、雑学やうんちく学にも、大切な意味があることがわかります。雑学の中には、生活上の必要からさまざまな知識・知恵が生まれていることがあり、一人一人が生活の中で「ここはこうしたほうがいいんじゃないか」ということを考えるきっかけになるのです。

学ぶべき科学や芸術のテーマは、日常の生活に満ち満ちています。何をどう入れるとこんな味になるのか？　料理は科学の宝庫です。紅茶で豚肉を煮るとこんなにおいしくなる、気の抜けたビールも十分な出汁《だし》になる、などなど、生活を雑学のテーマにすると、試したくなることが急増します。それこそが学びです。

そこで「ああ、学問は必要なんだ」ということに気づけば、もうちょっと勉強しようという気持ちになりますよね。

自分も生活の中で工夫してみたら、新しい知識への必要性の意識が生まれてくるかもしれない。これは、言われたことをそのままやるよりも、はるかに面白いことですよね。

雑学には、意外と効用があるのです。

記憶しやすい方法を発見するのも遊び

「暗記」や「記憶」ということについて、もう少し。

人間というのは、ごく短い時間でものごとを長期にわたって暗記するのは、不可能なのです。人間の頭脳はそれほどキャパシティーが大きくないため、ひと通り経験しただけでは覚えられません。「これは覚えよう」と何回も頭に刷り込んで、ようやく覚えられるのです。

人間の記憶には「短期記憶」と「長期記憶」があり、ここでは「ワーキング・メモリー（Working Memory：情報を一時的に保ちながら操作するための構造または過程）」というものが働いています。脳は一度体験したことの多くを、しばらくは覚えています。そして、その中から、自分にとってどうでもいいことは、記憶から消していきます。膨大な情報をすべて保持していたら、大変ですから。

記憶には、いくつものフェーズ（層）があり、イメージ（像）で覚えているところ、イメージに言葉を貼り付けて覚えているところ、因果関係をつくって覚えているところなどいろいろです。

イメージで覚えるとき、その場に誰がいたかなど細かい部分の記憶は、通常、どんどん消えていってしまうものですが、たとえば、ものごとが起こってから一〇～二〇秒以内、まだ脳が覚えているうちに、誰かが「○○さん、あそこにいたよね」と名前を言えば、そこに○○さんがいたという記憶が残るわけです。

さらに、「あの人、たしか今日出かけるって言ってたよね。どうして、あそこにいたんだろう」「何かあったから、来たんじゃない？」というように物語ができてくると、なおのこと忘れなくなります。

イメージとしての記憶に、言語のレッテルを貼ることで強化され、さらにそれらが言葉で物語化されて、記憶が強化されるのです。人間の記憶には、そういう構造があるわけです。

ですから、何かを記憶するときは、リズムや歌にする、絵にする、物語にするなど、いろいろなやり方を自分なりに工夫してみるといいでしょう。たとえば円周率であれば、語呂で覚えてしまうのもいいでしょう。

「二六五三五」だったら、「二六《にろく》さんと五三《ごみ》さん」、「八九七」だったら「やくなー」とかね。女の人がいて、二六さんに五三さんが嫉妬しててやくなぁとか。そうやって、面白いストーリーができます。この方法が向いている人もいるでしょう。

ぜひ、自分の得意な暗記のパターンを見つけるといいですね。語呂合わせにするとか、ダジャレを入れて物語にするとか。あるいは適当に節をつけて、歌にして覚えるとか。

自分に合う方法だったら、なんでもいいのです。

それぞれの人の脳の働き方には個性があります。何かを覚えるとき、絵で覚える人もいれば、言葉にして覚える人もいます。リズムにして覚える人もいます。自分の記憶の特徴を知っておくと、機械的に覚えるときにも役立ちます。

繰り返しますが、人間はすぐに忘れてしまうから、また最初からやり直さなくてはいけなくなります。強烈に記憶に残る幹の部分はまだいいのですが、枝葉の部分はすぐに忘れてしまいます。それが消え去ってしまう前に、もう一度復習すると、記憶が強化されるのです。自分が記憶しやすい方法を発見するのも、ひとつの遊びであり、楽しみです。

やらねばならないことを「遊び化」しよう!

ソニーにいた友寄英哲《ともよりひであき》さん（円周率暗唱の元ギネス記録保持者）は、円周率暗唱の記録を三度も塗り替え、五四歳のときに四万桁暗唱の世界記録を打ち立てた人です。彼の場合は、ストーリーにして数字を覚えていました。

会社で「明日のプレゼンまでに資料をつくれ」と言われたときにも、なるべくわかりやすくなるように心がけます。自分なりの記憶法や勉強法を駆使し、プレゼンの内容を的確に「見える化」するのです。そうやって「見える化」「図式化」するのもひとつの方法です。

あるいは、覚えなくてはいけない漢字がある場合、画数が多い漢字から順に並べていくなど、自分なりに楽しめる「遊び」にします。パソコンであれば、変換ミスで出てきた漢字を並べてみるのも、面白いでしょう。

そうやって遊びながら、いつの間にか覚えてしまうのです。わざと変換ミスの漢字を並べて「元はどんな文章だったでしょう」なんていう問題をつくっているうちに、漢字を覚えてしまうものです。そうやって「遊び化」するのは一見不謹慎に見えるけれど、とても上手なやり方だと思います。

人生には、やらなければならないことがたくさんあります。自分のやりたいことだけやって生きていけるのだったら、それはそれで幸せですが、実際にはそうはいきません。だとしたら、「やらねばならないこと」を、できるだけ「自分のやりたいこと」に変換していったほうがいいでしょう。何においても、自分が楽しめる方法に工夫して変換するのです。

そういう知恵や技を持っている人を、「生き方上手」と言います。生き方上手な人は、どんなに仕事が増えても「これって、こういう角度から見たら面白いじゃない」と発想を転換できます。言われたとおりに律儀にやっていたら面白くないけれど、「こういうふうにしたら早くできるな」と、自分で発見していくのです。そうやって、どんな仕事でも、自分の世界に引き込んでしまうのです。

3　受験勉強は自分探しの時間

僕の受験体験

僕の中学時代といったら、今の中学生とはまったく違いました。僕は肩を壊して中学一年で野球部をやめた後、化学の実験に夢中になりました。友達の家の屋根裏にホースでガスと水道を引いて、手づくりの棚に薬局で買った薬品を並べて「実験室」に改造し、友達と一緒にあれこれ試行錯誤しながら、毎晩実験していたのです。

一方で、テニス部に入って、三六五日休みなしで練習に行ってもいました。生物部と書道部のキャプテンもやっていたし、中学二年、三年と生徒会長もやりました。今思えば、休む時間がないくらい、忙しい学校生活でしたね。

僕たちの世代は「団塊の世代」と言って、同世代の人数が多いのです。中学生のときには、ことあるごとに、「お前たちは人数が多いから、どこでも競争が厳しい。もしかすると、高校に入れないやつが出てくるかもしれない。だから、人一倍勉強しなくてはいけない」などと言われていました。僕は「なるほど」と思い、中学三年になると、決意して受験勉強に取り組み始めたのです。

でも当時は、今のように塾があるわけではありません。都会ならあったかもしれませんが、僕が住んでいたところにはなかったから、自分で勉強の方法や計画を考えなくてはいけなかったのです。

僕は親父の影響で、小さいころから、ものをつくること、遊びをつくりだすことが大好きでした。だから何をするにも、段取りを考えたり、スケジュールを組んだりすることを当たり前のようにやりました。

問題集をやったほうがいいのか、それとも理論をもう一度しっかり復習したほうがいいのか。参考書を見て、もう一度復習した上で、ノートを取ったほうがいいのか。それとも教科書を基にして、今まで取ったノートを全部整理し直したほうがいいのか。そういうことに悩んだことを、今でも覚えているくらいです。

当時は参考書も満足にない時代でしたから、どうやったら効果的に学力が伸びるかを、自分なりに一生懸命考えるしかありませんでした。

また、勉強を進めていく過程で、いろいろな壁にぶつかり、考えました。

スケジュールを立てるとして、「今日は数学と英語」「明日は国語と歴史」というふうに、毎日細かく分けて勉強したほうがいいのか。それとも、「この一週間は数学だけを集中的にやる」というスケジュールを立てたほうがいいのか。

基礎問題集を繰り返しやって基礎力を固めたほうがいいのか。それとも、少し難しい応用問題にチャレンジして、時間がかかっても解いていったほうがいいのか。そういうことを、あれこれと考えました。

中学校では、一日に一〇分休みが五回、四〇分休み（昼休み）が一回ありました。合計すると九〇分の休み時間があるから、それを全部使えば、けっこう勉強ができるのではないかと思いつきました。それで、休み時間ごとに問題集を解くことにしたのです。やさしい問題集だったら、だいたい一日一冊ずつ。そういうことを考えて、計算して、実行していきました。

テーマとゴールが、あらかじめ決められている場合、どういう方法でやれば、そこに確実にたどり着けるのか。受験勉強をしていた一年間は、僕にとって、そのことを模索する時間でした。自分で決めたことを成し遂げるために、かなり集中して取り組みました。

僕の場合、あくまでも自分が持っているリソース（資源）の範囲内で学力を伸ばしていくことを考えていかなければなりませんでした。そのとき誰かが、「そうじゃなくて、こういうやり方をしたほうが面白いよ」「これをベースに考えてごらん」などとアドバイスをしてくれたら、また違ったやり方をしたかもしれません。が、あいにく、周りにそういう人が誰もいなかったのです。だから、あの一年間は、自分で勉強のやり方を考えるいい訓練になったと思います。

塾に頼るのは危険

先ほども言ったように、僕は小さいときから、ものをつくったり、遊びをつくりだしたりすることを楽しんでいましたから、受験勉強に関しても「自分でやり方を考えるのが当たり前」とどこかで思っていたのです。でもそのあと、「自分で考えるのではないやり方」もあるのだと知りました。

僕は大学院に入って間もなく、アルバイトである塾の講師になりました。その塾では、中三は「できる子のクラス」と「できない子のクラス」に分かれていました。

四月の初め、僕は「できない子のクラス」の生徒たちに向かって、こんなふうに言ったのです。

「二月の試験まであと一〇カ月しかない。この短い期間で、自分の学力をいかに伸ばしていくか、これからが勝負だ。

勉強には、それぞれに合ったやり方がある。たとえば円周率を三・一四一五九二六五三五……と覚えていく場合、リズムで覚えるやり方や、イメージに変えて覚えるやり方、ストーリーにして覚えるやり方などがある。それぞれ自分に合った覚え方で覚えればよい。

これは、いい・悪いではなくて、あくまで、向き・不向き。同じ勉強を続けてやるのが苦手な子は、毎日三科目ずつやったり、その日に気が向いた科目を勉強したりする。あるいは『この一週間は国語だけをやって、来週は理科だけをやる』という勉強法もある。場合によっては『これからの一カ月間、苦手な科目だけ基礎からやり直そう』と一生懸命取り組むこともある。

そういうことなので、自分の性格を考えて、一〇カ月間の大まかな予定やスケジュールをまずは立てることが大事なんです。そのスケジュールを基に、一人一人と相談します。二週間あげるので自分の計画を立てて提出して下さい」って。

ところが、二週間経っても、誰もスケジュールを持って来ないのです。「なんで持って来ないの？」と聞いたら、「計画って、どうやってつくるんですか？」と言うのです。僕はびっくりして、「あと一〇カ月しかないんだから、自分の学力を考えて何月に何を勉強するとか、そういうことを考えるんだよ。

たとえば中間テスト前には一週間くらい部活が休みになるだろう？　そのとき、何曜日に何を勉強するとか、そうやって計画を立てるだろう？」と言ったら、「そんなこと、これまでやったことありません」「えっ？」「塾に来て、塾の先生が言うとおりにテスト対策をやっているだけです」と。

そこで、「自分で勉強の計画を立てたことのない人、手を挙げて」と聞いてみたら、全員が手を挙げたのです。

そのとき、塾っていったい何なんだろうと思いました。塾には「あの先生についていけば、絶対に大丈夫」という雰囲気があるようですが、僕は、これにすごく抵抗感があるのです。

塾の先生は、「君たちが自主的に勉強すれば、それをサポートするよ」という姿勢ではなく、「君たちには大した知恵がないんだから、私たちが言うとおりにやりなさい」という前提で「指導」しているのでしょうか。塾がそういうところであるならば、塾に頼っていては本当の力はつかないと思ったのです。

受験勉強は自分探しのチャンス

僕はその後、家庭教師もやりましたが、一人、今は医師として働いている教え子がいます。彼が小学三年生ぐらいのときから勉強を見ていましたが、勉強以外のところで、とにかくノコギリは使えない、クギは打てない、定規で線を引いてもまっすぐに引けない。そういうレベルでしたから、「まずトンテンカンからやろう」と、生活の中でものを考え、工夫することから始めました。

今の社会では、多くの子は自分に合った能率的な方法を、必死に考えたりしないのでしょうか。でも与えられたことだけを考えていたのでは、頭を半分しか使っていないことになります。

生活の中でもっと考えたり、工夫したり、あるいはテレビや新聞を見て、国際問題や国内の政治・経済について議論したりする。そういうことの延長線上に勉強があるのだと思うのです。学校で学んだことは、それだけで完結してしまい、テストには役に立つかもしれませんが、生活とは必ずしもつながっていきません。それは本当の知性ではありません。

自分の体験を振り返ってみても、受験勉強というのは、人生の中で自分自身を上手に生かすことができるひとつのチャンスになると思います。言い換えれば、自分探しのチャンスになりうるのです。学力が能率的に伸びる方法、自分に一番ふさわしいやり方を、自分なりに模索していく。そういうことを訓練する場や時間として使ってほしいのです。

人生に失敗なんてない

人生というのは、いつもそんなにうまくいくものではありません。自分なりのやり方をやってみたけれど、うまくいかなかったという場合も、往々にしてあるでしょう。「こうやるとうまくいかない」ということがわかったのだから、別のやり方を見つければいいわけです。そういうことが学べたのだから、失敗したことは決して無駄ではありません。同じ失敗をしたとしても、そう思えるかどうかで、その後の人生は大きく変わってきます。失敗したときは、そこでうまくいかなかった理由や原因をもう一度考えてみる。失敗から学ぶのです。ですから、長い目で見れば、失敗はたくさんしたほうがいいのです。

けれども人間というのは、意外と失敗から学ぶということをしないものです。一度失敗すると、「それはもうやめよう」という思考になって、自分の考えからそれを締め出してしまいます。そうすると、怖くて失敗できなくなってしまう。

でも読者の皆さんには、失敗から上手に学ぶということを、ぜひ実践してほしい。失敗したとき、悔しい気持ちになると思いますが、どうして失敗したか、短時間でも考える習慣を身につけるのです。あそこか、と見つけ、次からは注意しようと決意する。それを繰り返すことで、「工夫すれば何とかなる」という価値観がだんだん身についてきます。

これは、地球全体も工夫すれば何とか救えるという発想にも、つながっていくと思っています。人間にとって、失敗、つまずきこそ大事なんです。そういう学び方を大事にしてほしいと思います。

第3章 「学び」上手になろう

1 新しい「学び」の時代

「学び」は、一生続くもの

この章では、学校での学びから一歩進んで、人生をより豊かにするための「学び」について考えてみましょう。

本当の学びというのは、学校の授業や受験勉強などに限定されるものではありません。その意味で、人間の一生は、学びの連続であると言っていいくらいです。何歳でも学ぶことができて、常に学びがあるからこそ、生きていて面白《おもしろ》いと思えるのです。

「発達」という言葉を、よく表面的な理解で「できないことができるようになること」ととらえることがあります。けれども、人間は年を取ると、できないことも増えていきますよね。たとえば、記憶が曖昧になったり、運動機能が落ちていったり。先ほどのような発達のとらえ方をするとしたら、年を取ると後退していくから、発達は若いころに限定されたもの、ということになってしまいます。

学んだことによって、自分の中にある世界がさらに深まっていくとか、やってきたことの意味がまた違った角度でわかってくるとかいうことは、何歳になっても起こります。そうやって、体や心が成長、進化していくことが本当の発達であって、発達は死ぬまで続くのです。

だから、別の見方をするならば、学びというのは、人間の発達をいろいろな角度で促す行為である、というふうにも言えます。

中学生や高校生のころの学びというと、学校や受験の勉強に結びつけて考えがちなのだけれども、それらを取っ払ったもっと深いところにあるのが、本来の学びであり、人生を耕すために学ぶということでもあります。だから仮に、中高生のときに十分に学べなかったとしても、それで一生がダメになってしまうということは、原則ないのです。。

何歳になったとしても、自分はまだ未熟だし、知らないことだらけだから、もっともっと学んでみたい。もっと自分の世界を豊かにしてみたい、と思う姿勢さえあれば、学びは続いていくのです。そのことを、ぜひ若いうちに知っていてほしいのです。

「学び」の三段階

「学び」には、三つの段階があると言われています。

最初の段階は、いろいろな知識に触れて、物の仕組みや歴史など、何かを知るということ。これを「端緒知」と呼びます。

次に、端緒知をきっかけにして、それがなぜ起こったのだろうとか、どうしてこういう現象が起こるのだろう、などと自分なりの疑問や課題を持って、いろいろと調べたり、人とディスカッションしたり、記録して分析したりして、知識を深めていくことを、「実践知」と呼びます。「深め知」と言ってもいいでしょう。

たとえば、第1章で源《みなもとの》頼朝《よりとも》が鎌倉に幕府を立ち上げたけれども、どうして朝廷のあった京都から遠く離れたところに幕府を開いたのだろうか、という話をしましたね。この例で言うと、頼朝が鎌倉に幕府を立ち上げたという事実を知ることが「端緒知」で、どうして鎌倉だったのだろうかと疑問に思って調べたり、考えたりしていくことが「実践知」ということになります。

そして、それらがわかったことで「歴史には興味がなかったけれど、なんだか歴史って面白そうだな」と歴史に対する見方が変わったなど、その人の人格形成になんらかの影響を与えるような学びに発展していく。それを「人格知」と呼びます。

このように、本当の学びというのは、「端緒知」「実践知」「人格知」と三層になって深まっていきます。

僕は実際、どうして京都から遠く離れたところに幕府をつくったのだろうと不思議に思って、東京に出てきたときに、鎌倉へ行ってみたことがあります。そこは切り通しになっていて、確かに攻め込みにくい場所でした。頼朝が攻め込みにくいところに幕府の拠点をつくったというのはよくわかるのだけれども、朝廷を守るためじゃないいな。だったら、幕府というのはいったい何なのか。幕府ができるということは、何を意味するのか。そんなことを考え、ずっと疑問に思ってきました。

僕らが学生のときには、こういうことをちょっと調べようと思っても、本格的な歴史の本を買わないと調べられませんでした。でも今は、インターネットである程度のことがわかって、さらに調べたいとなったら専門書を読もうというように、いろいろな選択肢があります。その点ではとても便利な時代になったと思います。

それを生かして、学校で教えてくれることの中には、必ず「なんで？」という問いが隠れているはずだ、というふうに考えてみる、疑ってみる、調べてみる。学校で同じことを習ったとしても、単なる知識で終わってしまうのか、人生を変えてくれるような深い学びとなるか、学ぶ側の意識次第で、それはまったく違ったものになると思うのです。

学びや経験は、何ひとつ無駄にはならない

前項の「学びの三段階」について、もう少し、別の例で言い換えてみましょう。

やったこと、経験したこと、学習したことなどで、何らかのスキルが身についたとか、新しい知識を覚えた、ということがありますね。たとえば、スマホにはこんな便利な機能があったんだというのを知った、というのも新しいスキルです。

そして、それを使ったら、生活が便利になったとか、今までとは違った人とコミュニケーションが取れるようになったとか、実践的なレベルで生活行為が広がっていく、というのが二つ目の学びです。そして、結局学んだことで、自分の生活そのものが変わっていく、というのが三つ目の学びになります。

SNSを始めたら、いろんな国に仲間ができて、その友だちを訪ねて実際にその国に行ってみたとか、あるいは、その国が抱えている国際問題を知ることになって自分の進路を見直したとか、皆さんの身近なところにも、そういう事例はたくさんあるはずです。

こんなことを話している僕だって、皆さんと同じです。

たとえば、農業について、今までは表面的なことしか理解していませんでした。ところが最近、さまざまな農業のプロと接する機会に恵まれて、これまでの認識がガラッと変わりました。

野原というのは、肥料も何もあげないのに、毎年豊かに草が茂りますよね。つまり、本来あるべきところにあれば、肥料なんかがなくても、植物は自分で上手に育っていける力を持っている、というのです。

それは、こんな仕組みだそうです。生えていた草が枯れると、土の中にあった根の部分に空洞ができます。そこが水や空気の通り道になって、たくさんの微生物が棲《す》みつくようになる。すると、どんどん土が柔らかくなって、微生物が豊かに生息する土になっていく。すると養分をたっぷり含んだいい土ができ、周りの植物は元気に育っていきます。

ところがそれを下手に耕してしまうと、せっかくできた根っこの空洞が潰《つぶ》されてしまい、自然の力でできた循環が断ち切られてしまう。微生物の生態系も壊されてしまう。だから本来、農業は耕さないほうがいい、というのです。その方法は、自然農というふうに呼ばれていています。

一方で、現行の農業のように同じものを一斉につくろうとすると、同じ栄養分が地中から失われてしまうので、肥料で栄養分を補わないといけなくなる。それは、薬に頼って生きている人間と同じようなもので、そうなると作物も弱っていきます。そのままでは作物は虫にやられてしまうから、今度は農薬をたくさんまかないといけなくなる。同じものを一斉につくることは、一見、効率がいいように思うけれども、本来はなくてもいい肥料や農薬を使わなくてはいけなくなって、土の生命力を弱めてしまう、ということなんだそうです。

それを聞いて、僕はなるほどと思って、自分でもいろいろな作物を育ててみようとか、お店で買うときにもそういう考え方で育てた作物を選ぶようにしよう、というふうに行動が変化してきました。

私もこの年になって、ようやくそういうことに気づいたわけです。今まで学んできたことや経験してきたことがつながって、より深く新しい学びになる。そこで味わう感動が大きければ大きいほど、自分の考えや行動への影響も大きくなります。つまり、今まで学んできたことや経験してきたことは、すべて無駄ではないということ。そして、いくつになっても学びはあるということです。

象と鉛筆は足せる？

「端緒知」「実践知」「人格知」というふうに、考える、実践する、交わるなどを含んで、「学ぶ」ということをイメージしていってほしい。そういう目で見れば、つまらないと感じていた学校の授業も、違った見え方がするかもしれません。

本当に自分が知りたいと思ったことは、「本当かな？」「何でだろう？」ととことんこだわって考えてみるのです。そう考えたら、あらゆる端緒知は、疑いの対象になるのです。

たとえば、「一＋一＝二」というふうに、小学校一年生の時に習いましたね。そういうものだと思っていれば、当たり前と思うかもしれませんが、こんなふうに考えてみたら、それは成り立つでしょうか？

象一頭と鉛筆一本を足してください。そうすると、二になりますか？　象と鉛筆は足せますか？　これが、鉛筆ではなく、象と猫だったら足せますか？　だったら、足すとはどういうことなのでしょう。

小さな子どもだったら、象さんも鉛筆さんも森の中で楽しく歌って生活している、というファンタジックな世界を想像するかもしれない。それなら、象と鉛筆を足して二もありえそうです。同じ象と鉛筆でも、シチュエーションが変われば、足せるということですよね。

一体、足し算が成り立つ世界というのは、何なのでしょう？

象と人間だったら足せますか？

それを、地球規模で考えてみたら、蟻《あり》と象も命を持っているという点では、仲間ですよね。世界の生き物たちの会議があって、それぞれの種が一票ずつ持っているとしたら、その総票数はどのぐらいになるのだろうか。その中で、人間が持っているのはわずか一票です。

そういうふうに考えていったら、数学は哲学なんです。僕はずっとそう思ってきました。足す・引くということが成立する世界は、厳しい同類基準をクリアしたものだけなんです。

そんなとらえ方をしてみたら、いつもの学校の勉強も、また違ったものに見えてくるはずです。

「頭がいい」とはどういうことか

中学・高校では、受験勉強型のテストの点数が高い人ほど、頭がいいと思われがちです。もちろん、そういう人がある意味では、高い能力を持っているということは間違いありません。記憶力がいいとか、それなりの理解力がある、ということでしょう。

けれども、そういう人が社会に出たとき、いい仕事をして周囲の人からも信頼されるかどうかは、また別の話です。

以前、ダニエル・ゴールマンの『EQ　こころの知能指数』（土屋京子訳、講談社、一九九六年）という本が話題になりました。

アメリカのある研究グループで、名門高校（プレップスクール）の卒業生たちが、三〇歳前後でどのような職に就き、どのぐらいの収入を得ているかというアンケート調査を行ったところ、高校時代の成績と社会的成功には、あまり相関関係がなかったというのです。

では、社会的な成功者には、何が備わっているのか。精神的に落ち込んだときに上手に立ち直る力、元気がない人を上手に励ます力、仕事をきちんとこなすために自分でスケジュールを組み立ててマネジメントする力などでした。

具体的な例をあげると、こんなことです。大事なときにはしっかり集中するけれど、そうでないときには上手に息を抜いて活力を蓄える。チームで活動するときに、ほかのメンバーを上手に立てることができる。思い切った決断が必要なとき、勇気を持って英断を下すことができる。

社会的に成功しているのはこういった人たちで、それらの能力は、学力的な知力とは異なります。心理学的な言葉で言うと、「情動（強い感情）をコントロールするのがうまい人」となります。

たとえば、仕事をしていて、何かわからないことにぶつかったとき、正直に「ここがよくわからないです」と言えること。そこで格好つけて知ったかぶりをするような人は、ビジネスの第一線ではやっていけません。自分に正直で、常に他者に寄り添ってものごとを考えられるような、人間的な柔軟さや力強さこそが必要なのです。

今では働き方が多様化し、もはや決まり切ったものをつくり続ければいい、という時代ではなくなっています。新しいアイデアをどんどん提案し、時代のニーズに合わせて柔軟かつ迅速に商品やサービスをつくっていかなければなりません。そういう局面において、役立つ能力が求められているわけです。

「頭がいい」という定義も、今までのように知能指数（IQ）が高いだけではなく、これからは心の知能指数（EQ）をもっと重視していこうというふうに変わってきているのです。

2　二一世紀に必要な知性

新しい学力が求められている

二〇一八（平成三〇）年度から、幼稚園、小学校、中学校、高等学校と順次、学習指導要領の改訂が行われます。学習指導要領の改訂は、時代に合わせて定期的に行われているのですが、今回の改訂の骨子をかみ砕いて言うと、これからの時代には「これだけ覚えておけばいい」という学習だけでは、もうあまり役立たない。そのことを国が認め始めた、ということになります。

これまでのように「端緒知」となる、必要最低限の知識や理解はもちろん必要です。けれども、あらゆるものが変化の激しい時代にあって、それだけではもう対応しきれないからです。

たとえば、日本には梅雨があって、六月はしとしとと雨が降る、と言われています。それを象徴するように、「五月雨《さみだれ》」「霧雨《きりさめ》」「氷雨《ひさめ》」「小糠雨《こぬかあめ》」など、日本語には雨にまつわる言葉がたくさんあります。

けれども、近年の六月の雨の実態を見てみると、川が氾濫するほど降るとか、ゲリラ豪雨と言ってまるでスコールのような雨が降ったりしています。台風は九月と思っていたけれど、四月から一一月ぐらいまで発生することも珍しくなくなりました。一方で、同じ時期にまったく雨が降らなくて、水不足を心配するような地域もある。

そうなると、日本の六月は梅雨、という一面的な知識だけではもう通用しません。雨がなぜ降るのかというメカニズムや、スコールが多くなる仕組み、どういう条件で台風が発生するのか、あるいは大雨が降ったときどういう条件が重なると地すべりが起こるのかなど、さまざまな疑問を持って学び、応用していく力がないと、日々の平穏な生活を送ることさえもままならなくなってくるわけです。これらの問いには、まだ答えの見つかっていないものもたくさんあります。しかし対応はしなければならない。

学びに対する考え方の変化は、日本に限ったことではありません。たとえば、国際的な組織であるOECDでは、二一世紀に必要な知性を、「キー・コンピテンシー（主要能力）」という言い方で説明しています。これには三つの側面があるとされています。

一つ目は、「社会・文化的、技術的ツールを相互作用的に活用する能力」。答えがまだ見つかっていなかったり、答えがひと通りでない問題だらけの社会の中で、自分なりに答えを見つけ出す力が重視されるようにならざるをえなくなるのですが、そのために既存の知的なツールを上手に活用する力がとても大事になります。それを社会や職場など、他者との関わりの中で活《い》かしていけるような力のことです。

二つ目は、「多様な社会グループにおける人間関係形成能力」。価値観が多様化している中で、いろいろな人とコミュニケーションが取れるように、意見を交換して、調整できる力です。多様な人種、多様な文化や宗教的背景をもつ人々が上手に協働していくにはこの力が決定的に大事になります。

三つ目は、「自立的に行動する能力」。社会の構成員として、自分で考えて、自分で責任を持っていくという力のこと。ネット情報をうまく活《い》かせるこの力がないと情報化社会に振り回されることになります。

この三つを総合しているものが「キー・コンピテンシー」です。その背景として、社会の変化が早くなったということ、複雑になっていること、社会が相互依存的になっていること、という三つの社会変化に対応した知力だ、というふうに説明されています。

この三つのキー・コンピテンシーの中心にあるのは、個人が深く考え、行動することの必要性と新たなコミュニケーション的知性です。それには、目の前の状況に対して、特定の定式や方法を反復・継続的に当てはめることができる力では十分ではなく、変化に対応する力、経験から学ぶ力、批判的な立場で考えて行動する力そして他者との豊かな対話力が含まれています。

たとえば、人と意見が違ったとき、大いに議論をして、自分を押し通すわけでも、相手に屈服するわけでもなく、ひとつの共同の解決を見つける力がないと、実際には生きていけないということを言っています。そういう力を学校で身につけていくことが、これからの時代には求められているわけです。

アメリカが提唱する「二一世紀型スキル」

何を学んで身につけるべきか、については、世界中でその考え方が変わってきています。アメリカではこれを、「二一世紀型スキル（ATC21S）」というふうに言っています。

これには、四つの領域と一〇のスキルがあるとされていて、次のような項目をあげています。

1．思考の方法（Ways of Thinking）

①創造力とイノベーション

②批判的思考、問題解決、意思決定

③学びの学習、メタ認知（認知プロセスに関する知識）

2．働く方法（Ways of Working）

④コミュニケーション

⑤コラボレーション（チームワーク）

3．働くためのツール（Tool for Working）

⑥情報リテラシー

⑦情報通信技術に関するリテラシー（ＩＣＴリテラシー）

4．世界の中で生きる方法（Ways of Living in the World）

⑧地域と国際社会での市民性

⑨人生とキャリア設計

⑩個人と社会における責任（文化的差異の認識および受容能力を含む）

私の一番下の息子は、今、コンピューター関係の会社で働いていてアメリカにいます。

出入りしているアメリカの有名な会社には、アメリカやヨーロッパだけでなく、中国やインドなど、さまざまな国の人がいて、一緒に仕事をしています。その中で話をしていると、日本人のコミュニケーションスキルが低いというのを切実に感じるそうです。

グローバルな会社が増えてきて、多様な価値観を持った人同士でのコミュニケーションが当たり前になっていく時代に、自分の国や民族の考え方にこだわっていてはうまくいきません。二一世紀型スキルというのは、そういう時代の知性ということが念頭にあります。

また、先ほどあげたキー・コンピテンシーと比べて、二一世紀型スキルに特徴的なのは、コンピューターを有効に使うことをうたっている点です。

今、AI（人工知能）の技術は、目覚ましい勢いで進歩しています。それを見据えて、AIが得意なことはそちらに任せて、人間にしかできない能力こそを重視しようというわけです。

例をあげると、AIは感情を持てませんから、「こっちのほうが何か落ち着くよね」

とか、「そのほうが美しい」というような感情をベースにした判断というのはできません。だから人間は、もっと多様な提案ができるように、感性を磨いていくことに力を入れていく、というようなことです。

一歩先へ出ようとする学び方

今、一番下の息子のことに少し触れたのですが、この子の学び方には独特のものがあると思うので、ひと言触れておきます。

この子は三人きょうだいの一番下なのですが、二歳上の兄貴とよくケンカして泣かされていました。仲良く遊ぶのですが、兄貴がマイペース人間なので、ちょっとしたことで兄の邪魔をすることになります。すると、しばらくすると、ポカッとやられるのです。それだけ兄貴に対するライバル心が強くなっていたのだと思いますが、同じことをして遊ぶときも、兄や、場合によっては父である僕の行動の仕方をこの子はずっと観察するのです。その上で真似してやってみるのですが、たいてい僕だったらこうするという工夫をひとつ加えて真似をします。

たとえば、ミニ四駆というおもちゃでよく兄弟で遊びましたが、慣れてくると自分のミニ四駆をより速く走れるように改造します。その改造の仕方がこの子のほうが兄貴よりもいつも大胆なのです。そこまで削って大丈夫？　というくらいまで改造するのはこの弟のほうでした。兄はその点常識人で、この程度なら大丈夫というところまでしか改造しません。弟のほうはそれを見ていてもっとこう改造したほうが速いんじゃないかと思ってやるわけです。

つまり弟のほうは兄という先人のしているレベルを観察しながら、到達した上で自身はその先へ一歩出ようとする。そういう学び方をする子だったのです。

この子は今、世界中の多くの人が使っているスマホの作成にかかわる仕事をしているのですが、その仕事ぶりは、子どものころのこうした姿勢とあまり変わらないようです。先輩の仕事ぶりをよく観察する。その上で、でもこうしたほうがより効率が上がるのではないかということをつけ加えて自分の仕事にする。こうした働き方をしているようなのです。だからでしょうか、若いけれどもいい仕事をすると認められているようです。彼の学び方も、皆さんに参考になるのではないでしょうか。冷静にしっかりと観察する。その上で改善点を見つけて自分の方法にする。これはどこでもいつでも、上手に生きるコツになるかもしれません。

世界共通の大学入学資格「国際バカロレア」

さてもうひとつ、今、世界的に注目されている「国際バカロレア（ＩＢ）」という教育プログラムを紹介しましょう。

これは、スイスのジュネーブに本部がある国際バカロレア機構という団体が提供しているもので、国際的に通用する大学入学資格（国際バカロレア資格）を与えることを目的にしています。当初、世界各国から人が集まる国際的な機関や外交官の子どもが、母国での大学進学のために、さまざまな国の大学入試制度に対応して、ひとつの国の制度や教育内容に偏らない、世界共通の大学入学資格および成績証明書を与えるプログラムとして開発されました。

このプログラムの目的は、「多様な文化の理解と尊重の精神を通じて、より良い、より平和な世界を築くことに貢献する、探究心、知識、思いやりに富んだ若者の育成」としています。

三歳から一九歳までを対象にした四つのカリキュラムがあって、その特徴として「全人教育」というのを掲げています。知識や技術に偏ることなく、社会的、情緒的、身体的な発達にも取り組んで、人間性を全面的、調和的に発達させることを大切にしている、ということです。

また、「ＩＢの学習者像」として、目標とする一〇の人物像を次のように示しています。

・探求する人
・知識のある人

・考える人
・コミュニケーションができる人
・信念をもつ人
・心を開く人
・思いやりのある人
・挑戦する人
・バランスのとれた人
・振り返りができる人

日本でもこのプログラムを導入している学校があって、IB認定校として、現在、学校教育法で認められている中学や高校で二〇校、インターナショナルスクールなどそれ以外のところを含めると五〇校ぐらいのところで実施されています。

文部科学省ではグローバルな人材を育てていきたいというので、今後、国際バカロレア校を普及・拡大することに力を入れています。

価値観が違う人同士が、共に生きていくために

これからの学びを考えていくのに、世界では今、どんな人材育成を目指しているのかを皆さんにも知ってもらいたくて、少し硬い話になりました。

これらから共通してわかるのは、もう個別の知識を覚えるような知性だけでは通用しない時代になっているということです。国や文化など背景がさまざまで、価値観の違う人同士が、お互いを認め合いながら、どのように共通認識を持って生きていくか、その力が問われています。

けれども、現実に目を向けると、それとは逆行するように、偏った考え方に固執して、違った価値観を受け入れられずにいる人がいることも事実です。たとえば、ある特定の国を偏ったイメージで、「中国は嫌い」「韓国は嫌い」と言うような人たちです。

そういう人は大抵、インターネットなどで知り得た出どころがはっきりしない情報を

信じ込んでしまっているのです。コンピューターが上手に使えれば、情報はどんどん簡単に集められます。自分の関心に沿って、自分が欲しいキーワードを入れて検索をすると、自分なりに納得できるような知識が集まってきます。それはバランスに欠けたとても偏った情報なのに、「みんなはこう言っている」「こんなことを知っているのは自分だけだ」というふうに、鵜呑《うの》みにしてしまうのです。

でも、よく考えてみてください。それはとてもおかしなことだと思いませんか？

中国の人だって、日本人と何ら変わらず、同じように毎日食事をし、働いて、幸せを願ってみんな生きているわけです。それは、どこの国に住んでいようと変わりません。その国の人と個人的に接してみると、すごく気の合う人もいれば、ちょっと付き合いにくい人もいます。それは、日本の中で出会う人とまったく同じなんです。私自身、大いに気の合う韓国の友人、バングラデシュの友人たちがいて、会うととても話がはずみます。彼らを忌み嫌うことはありません。私たちはニュースであれこれ情報を見聞して、それで「韓国や中国という国は……」と発想していることはないでしょうか。本当は今の韓国の政治的指導者の姿勢が気に入らないということにすぎないのに、それがすぐ韓国一般、中国一般に飛躍してしまう。

自分だけが正しいと思い込んでしまうような考え方を、独善主義と言います。独善主義に陥らないためには、具体的にものや人と接してみることが、もっとも大切です。ネットの情報だけに頼らずに、自分の目や耳で実際に確かめるのです。

その際には、自分とはちょっと考えが違うとか、違う視点でものを見ているという人と、積極的に意見交換をしてください。きちんと理解するために、そうした柔らかい感性が、これからは不可欠になってきます。

第1章でも、人間はひとつのことがわかると、それを信じたいとか、偏見を持ちやすいということをお話ししました。それを肝に銘じて、自分も偏見を持っている可能性がある、という謙虚さを持って、自分と違う意見にぶつかる。そうすることで、自分の意見の特徴が逆に浮かび上がってきます。

また、知識の対象となっているものと、具体的に接することは、とても大切なことです。

たとえば、自然を大事にしよう、と言ったときに、図鑑でしか見たことがないとか、実際に土をいじったことがないとかいうのであれば、その知識というのは非常に限定されたものになると言わざるを得ません。その知識は間違ってはいないかもしれないけれども、深みがないのです。

実際にちゃんと自然に接してみれば、本当に大事なことと、そうでないことが、ちゃんとわかってきます。実はものすごく単純なことが大事なんだ、というその本質が理解できるようになります。

人と触れることも同じで、隣の国の人たちに具体的に接してみると、変なこだわりなんて何も必要なかったんだ、ということがすぐわかるでしょう。やがてその延長で、国というのは何だろう、成長は本当に必要なのだろうか、戦争の原因をつくってしまうような国家という枠組みはいつまでも必要なのだろうか、などという思いに至るようになるかもしれない。

人やものと接して具体的な体験をすることで、ものの本質が見えてきます。こうした具体的な体験を、僕は「他者をくぐる」というふうに言っているのですが、自分と異なる存在を介することによって、本当に自分が大切にしたいものが、よりはっきりと見えてくるのです。

こうしたプロセスによって、端緒知を、実践知、人格知へと発展させていくことが、これからの時代を生きていく皆さんには、求められているということです。

3 人生を豊かにする「学び」とは

僕は高二の一年間、一度も笑わなかった

皆さんが、どんなふうに学んでいったらいいのか考えるためのひとつの事例として、僕自身の経験をもう少しお話ししましょう。

僕の幼少期は、高度経済成長の時代で、人工衛星が飛んだり、鉄腕アトムが流行《はや》ったりして、科学技術が発展していけば、人間はもっと夢を実現できるようになるんじゃゃな

いか、と誰もが夢見ているような時代でした。

僕の育った堺市《さかいし》の家の近くには、海を埋め立ててできた阪神工業地帯があって、中学生以降はそれが築かれる様子を日々見ていました。堺の山を削って、たくさんのダンプカーが資材を運んでいたのを、よく覚えています。海岸線を四キロメートルも先まで埋め立てて、しばらくすると、そこに近代的な重化学工場がずらーっと建ち並びました。やがて、東京オリンピック、新幹線、高速道路と、科学技術が一気に発展していって、それが人々を幸せにするんだ、と疑うことのなかった時代です。

僕が中学に入ったときには、日本の道路の舗装率は五パーセントでした。そのとき、イギリスの舗装率は一〇〇パーセントだと聞いて、とても悔しかったのと同時に、そういう国に日本も近づきたい、と子ども心に思っていました。

そんな時代でしたから、理系に進学するのは、当時のみんなの憧《あこが》れでした。僕自身は、まだどう生きていくかは考えていなかったけれど、中学生のころは望遠鏡を買ってもらって、ラジオをつくったりすることが好きで、それに没頭していました。

中学時代は野球をやっていたのだけれど、肩を壊してしまって続けられなくなったとき、町工場をやっている友達の家での遊びをきっかけに化学の実験に凝るようになりました。

その友達の家には、赤リンと黄リンというのがあって、手のひらの上で燃えるんです。燃やしても熱くならないものがあるとわかって、それが面白くて、そこから化学実験を自分たちで始めました。別の友人の家の屋根裏部屋を改造して、そこへ水道、ガスをホースで引き、小さな実験室をつくったのです。さまざまな実験をして、石けんをつくってみたり、バナナの匂いをつくってみたり、ときには失敗して爆発したなんていうこともありました。

一方で、星や宇宙の世界にもすごく興味があって、中学三年生のころには、ロケットの本を熱心に読んでいました。そのうち、「そうだ、自分でロケットを上げればいいんだ」と思うようになって、漠然と将来は宇宙航空学をやりたいな、と思うようになりました。でも何をしたいか決まっていたわけではありません。もっとあれこれ考えたかったのだと思うのですが、ともかく進学校へ行けと言われて、隣の市の進学校に入学したのです。しかし、僕が無知だったのだと思いますが、進学校の雰囲気はどこか違和感のある場だったのです。

僕は当時、全国どこにでもあった小作農が工場の労働者になるという比較的貧しい地域で育ったのですが、通学途中の電車などで、ときどき同級生たちに会いました。彼らは「仕事きついわー」なんて言いながらも、みんなしっかり働いている。それに比べて自分はのうのうと学校に行っていて、いずれ学校を卒業したら、より高い給料をもらえる仕事に就くことができる。なぜ学校の成績や家の経済力の差によって、人生がこんなにも違うのだろうか。僕にとってはそれが避けて通ってはいけない問題であるような思いがしたのです。その答えが見つからないのに、自分はこのまま進学の道を歩めるのか——今考えるとそんな疑問にとりつかれたのだと思います。当時はもっとモヤモヤとした、何となく感じる違和感でしたが。そこで僕は、そんなことをみんなで話し合えたらと思ったのです。

高校の雰囲気はよくて、みんな勉強熱心でした。でも、いい意味で知的訓練をするために学校に来ているという感じで、みんな人はいいけれど、僕が考えているような疑問を一緒に語り合えるような雰囲気ではなかったのです。

人間はどうしたら平等になれるのか。平等ってそもそも何か。そして何のために学ぶのか。

出口のない問いの世界に陥っていた僕は、高校二年生のころ、悩みに悩んで、そんなことをノートにいっぱい書きなぐっていました。あとから、友人に言われたのは、高二の一年間、僕は一度も笑わなかったそうです。

高三になる少し前に修学旅行があって、そこで隣のクラスの子とたまたま話す機会がありました。その子に、もう学校をやめようかと思っているという話をしたら、やめるのは簡単だけど、もっとやれることがあるんじゃないか、と言われました。

修学旅行の四日間ずっと考えて、僕にできるのはこの学校を少し変えることかな、と思ったのです。それで、高三になったときに生徒会長に立候補して、「みんな！　これが本当の学校ですか？　僕らはもっとどうやって生きていけばいいのか、と考えるべきではないですか」なんて訴えたのです。今考えたら恥ずかしいですが。

みんな僕を否定はしなかったけれども、進学校だったこともあって、「お前の言っていることはわかるけれども、今はそれをするときではないだろう」というのが大多数の反応でした。

悩んでいたとき、もっといろいろな本に出会えていれば

そんな高校時代を過ごし、学校の勉強はほとんどせず、悩み方がわからないまま悩んでいた僕でしたが、ロケットを上げたいという夢があったので、一浪して大学は当初の希望どおりに理系に進みました。けれどもいざ入学してみたら、目当てにしていたロボット工学の著名な先生は、定年退官でいなくなっていたのです。それでまた肩すかしをくらった感じになりました。

入学してから一カ月ぐらいは授業に出ていたけれど、そのあとは大学にもあまり行か

なくなってまた高校時代の悩みが再開した感じになりました。何か人間のこと、人間の平等のことをもっと考えたい、という気持ちです。けれども、母親に仕送りをしてもらうのは申し訳ないから、バイトをするようになって、一週間のうち三日間は工場で働き、あとの四日間は家庭教師をやっていました。

最初の定期テストのときは少しウツ状態のようになって、試験を一科目も受けませんでした。いきなり留年ですね。しばらくするとそのウツ状態から解放されるのですが、また落ち込んでいく。大学一年から二年にかけては、そういう浮き沈みを、何度か繰り返しました。人間の平等とは何か、依然として僕の中にあるその問いのことを考えたら、いつしか苦しくなっていく。繰り返していくうちに自分の思考回路がそちらに行かないように、まったく違うことを考えるようにすればいい、とだんだんわかってきました。つまり、自分がやりたいこと、やらねばならないことに全意識を振り向けてしまうのです。そういうふうに切り替えていくと、思考がネガティブなほうに落ち込んで行かず、よい精神状態が長く続く。そういうことに気づいたら、だいぶ楽になっていきました。

そうやって、一七、八歳のころから続いていた苦しみを、自分なりになんとか乗り切れるようになったのは、二一、二歳になったころだったのです。

今になって思うのは、僕がこうして悩んでいたときに、もっといろいろな本と出会えていたらよかったな、ということです。

僕は子どものころから、本などが一切ない環境で育ったので、読書の習慣がありませんでした。家にも本がなかったので、いつも外で遊び呆《ほう》けていました。それはそれで貴重な経験だったとは思うのですが、たとえば中学生でいろいろな実験をしていたとき、本を読んで何かを学ぶということができていたら、もっと面白い実験ができたかもしれない、と残念に思います。

大学に入ってからも、あまり本は読みませんでした。当時、周囲に「この本は面白いぞ」と言ってアドバイスしてくれる人もいませんでしたし、高校生のころはいきなり『聖書』を読んでみたりもしたのだけれど、それで何かがわかるわけでもありませんでした。

そこでいろいろな思想家、作家、エッセイストの書物に出会い、僕なりに対話することができていたら、右往左往することがもっと少なかったかもしれません。自分だけで理解しようとしても、やはり限界があるのです。

悩んで苦しんでいるときは、「これは自分だけの悩みだ」と思い込んでしまいがちです。けれども本の中に、自分と同じように悩んでいる人がいるんだ、と見つけることはよくあります。「あっ、この人も同じようなことで悩んでいたんだ」ということがわかると、少し気持ちが楽になります。本を読んでいれば、必ずそういうことに出会えます。

また、まったく違うジャンルの本から、ヒントを得られることもあります。

今はもっといろいろな本が出ていますから、皆さんはそれらを読んで、自らの体験に生かしてほしい、と強く思っています。

「人間の平等とは何か」が僕のテーマ

少し話は前後しますが、大学一年の夏休みには、沖縄へ旅行をしました。大学の授業に出なくなって、しばらくしてからのことです。

高三で生徒会長をやったときに、沖縄教職員会から「教育会館が米軍によって禁止されて建てられなくなってしまった、だから全国からカンパをお願いしたい」という内容の手紙を受け取りました。それまで沖縄のことをほとんど知らなかったので、『沖縄からの報告』（瀬長亀次郎著　岩波新書、一九五九年）という本を読んだのですが、沖縄がとても大変だったのを、そのとき初めて知ったのです。

大学に入って隣のクラスに、沖縄からの国費留学生がいました。若い読者の皆さんは驚かれるかもしれませんが、当時、沖縄から東京の大学へ進学することは、留学だったのです。

沖縄についてもっと知りたいと思ったので、留学生の彼と友達になって、夏休みには沖縄のその友人の実家をあてにして、一人で沖縄へ行きました。

沖縄に行くには、鹿児島から二四時間かけて船に乗ります。船の中では、普天間の高校生たちと知り合いになって、いろいろ話を聞きました。長旅を経て、やっと友人の実家についたと思ったら、彼の家族は旅行中で留守だったのです。それで、事情を話して大家さんの家に泊めてもらったり、そのあとは船の中で出会った高校生の家に泊めてもらったり、いろんな人のところに泊めてもらって、たくさんの人の話を聞きました。

その中で、沖縄の人たちが戦争でたくさん犠牲になったこと、沖縄の人たちは一度も自分たちから土地を米軍に貸すとは言っていないが実質的に取り上げられているということ、沖縄本島の南の方には高い木がすべて焼かれて一本も残っていないこと、などという話を実際に沖縄に住む人たちからたくさん聞くことができました。また、普天間の高校生を訪ねたときには、学校の塀が暴力団の抗争で銃弾で穴だらけだったのも目にしました。

こういう沖縄の現状を知り、今日まで続く基地問題に代表されるような、沖縄が抱えるさまざまな問題をどう考えるのか。それは、人間の平等とは何か、という自分にとってのテーマから、決して遠いものではありませんでした。そして、自分自身の学びを、もっと人間のことを考える方向に変えようと思い、途中で教育学部へ転向することにしました。

僕はそんなふうに、自分の人生の途上で悩んだことを、自分の本格的な学びのテーマにしてきたのです。僕はそれは僕なりによかったと思っています。

人間は悩まないでは成長できない。だから、その悩みを大切にして、自分の一生の学びのテーマとして皆さんも学び続けてほしいと思っています。

悩みは人それぞれですが、誰しもが、その時代なりの悩みを背負って生きていくものだと思います。今の若い人たちは、情報が地球規模でつながっていることもあって、悩みも多くて大変かもしれません。

大企業に就職したら、そこで定年まで安泰というような保証はない時代です。我々の世代はそこにしがみついてきた人が多いけれども、若い人たちはそういう時代ではなくなった分、新しいことへの切り替えも早い。そのこだわりのなさは、今の若い人たちの強みでしょう。

価値観がこれだけ多様化し、社会の変化が激しい時代に、ひとつの生き方しかしなかったというよりは、ひとつの生き方をベースにしながら、多様な体験を大事にしてきた、というふうであってほしい。

その原動力となるのが、その人が、つまり皆さんがこれまで学んできたことにほかなりません。だから、学ぶということは、自分の生き方を少しずつ整えていくこと、とも言えるのです。

自分だけでなく、みんなが幸せでいられるように

最近、ヨーロッパなどを中心に、より大きく、より強く、より効率的になどという近代社会の価値志向から少し離れて、身の丈にあった幸せを追求しようという国が増えています

その尺度で見ると、デンマークやオランダ、ニュージーランドなどが幸福度の高い国にあげられています。それらの国に共通しているのは、人口が日本よりもずっと少ないということです。日本の一〇〜二〇分の一程度で、いわば日本の県と同じぐらいの規模

でひとつの国なのです。そうした国々に幸せ度が高い国が多いのです。

その理由を考えてみると、やはり人口が少ないほうが、自分たちの国のことを一生懸命考えなくては、という傾向が強くなるのではないかと思われるのです。自分たちが払っている税金を、どう使えばこの国のみんなが幸せになるのか、誰かがやってくれるわけではないから、自分たちで考えるしかないわけです。そのようなある種の小ささが、共同体意識を強め、幸せの実現につながっている印象があります。

二〇世紀までは、世界の多くの国で、国家を大きくすることが大事だと思ってきました。そのために領土の奪い合いをして、戦争までしてきたわけです。

日本はとりわけその傾向が強い国と言えるでしょう。頼朝《よりとも》の時代もしかり、その後の戦国時代を経て、明治時代の下級武士たちも全員軍人でした。政権をとっているのが軍人ですから、戦争に負けない強い国をつくることが一番大事だったのです。

第二次世界大戦のころには、それに産業国家というものをくっつけて、富国強兵、殖産興業などを目標に、より強く大きい国づくりを目ざしてきました。武士という軍人が政権を長く担ってきたという意味では、ずっと日本は軍事国家であり続けてきたのです。できるだけ大きな国家にすることが、国の目標でした。だから、大きくすればするほど、幸せになれるのだと、私たちは錯覚しているのかもしれません。

民主主義という政治形態がきちんと機能するためには、それを担う市民が、自分のためではなく、全体がどうあれば一番幸せになるのか、ということを絶えずあれこれ議論しながら、探求していかなければなりません。そして、国民すべてがそこで決まったことを実践する主体として成長していかない限りは、衆愚政治に陥ってしまう危険性をはらんでいます。その典型が、ヒトラーのナチス・ドイツでした。

ヨーロッパの場合は、市民という概念が、かなり古くから洗練されてきたという歴史があります。市民というのは、個人の利益が保障されると同時に、その人が属するコミュニティーの一員として、コミュニティー全体がよくなるために、自分はどういう役割を果たすべきかを考え、行動できることが必要です。そのふたつが果たされて、初めて市民として認められます。

けれども、日本は軍人支配の国であり続けてきたので、日本人の中には、自分は市民だという自覚が十分に育っていません。集団を権力や儒教という一種の宗教によって統治するという方法だったので、市民という階層の人たちが、統治の主体にはなかなかなり得なかったのです。市民性が成熟していないと、自らがコミュニティー全体の利益を考えながら行動するというふうにはなかなかなりません。

ただ理念だけで言えば、今の日本国憲法は、ヨーロッパをモデルにしてつくられたので、市民性の成熟が条件となった条項がたくさんあります。これからの時代を生きる皆さんは、市民として、みんながどうあれば幸せになるかを絶えず考えるような、知性や教養を身につけることが必要です。それが結果として、自分が幸せに生きるための唯一の方法だからです。

いくら自分が満たされた生活を送っていたとしても、暮らしている社会が不安定であったら、安心して暮らすことはできません。だから、本当に幸せに生きるためには、個人としての充足と、コミュニティー全体としての幸せと、その両方がどうしても必要なのです。

今の自然環境に目を向けてみましょう。もう随分前から地球温暖化が言われていますね。その原因のひとつとなっているのが石油燃料の使いすぎですが、石油も限りある資源です。このまま使っていけば、もう数十年もしたら枯渇してしまう、と警鐘を鳴らしている人もいます。いずれにしろ、地球環境や石油など、今のやり方ではまずい、ということは確かなんです。

五〇〇年後に人類が生きていたとしたら、私たちのことをどう思うでしょうか。五〇〇年前の人たちは、石油という便利なものを、すべて自分たちで使い切ってしまって、私たちには一滴も残さなかった。人類の歴史の中で、自分たちさえよければいいというエゴイスティックな時代があった、と語り継がれる可能性だってあるわけです。

自分たちは幸せになりたい。でもそのための営みによって、未来の人類の幸せを奪うことをしてはいけないのではないか。自分たちの中には、未来の人類も含まれているのです。そう考えたら、これだけ傷んでしまった地球環境を、未来のためにどのようにしたら回復できるか、ということを一生懸命に考え、行動するはずです。その知性がなければ本当の自由にはならないのです。そして、その方法を模索するために、私たちは学んでいるのです。

現代の学校は極めて特殊な教育

これからはおそらく、学びのもっとも大事な場所である「学校」は、スタイルや方法、社会で果たす役割などが大きく変化するでしょう。

歴史をひもといてみると、学校はかなり昔から存在しています。

たとえば、古代ギリシャには、プラトンやアリストテレスがつくった学校があり、そこでたくさんの学者たちが育っていきました。

中国では、孔子《こうし》の言行録をまとめた『論語』が有名ですが、これも孔子を慕って集まってきた弟子《でし》たちとの問答の記録であって、孔子塾には三〇〇〇人もの生徒が集まっていたと伝えられています。

「学校」という名前がつかなくても、この先生のもとで学びたいという人が集まって、そこで教育が行われているところは、実はたくさんつくられていたのです。

さまざまな宗教の始まりも同様です。仏教は、のちに釈迦《しやか》と呼ばれるようになった、インドのゴータマ・シッダールタという人が、断食や瞑想《めいそう》などの厳しい修行の末に悟りを開き、その教えを乞うて集まってきた人たちに、悟りの内容を伝えていったことから始まりました。

少しあとの時代になると、イスラエルの土地に、イエス・キリストという人が現れます。この人の教えはすごい、奇蹟《きせき》も起こす、もしかしたら、この人が本当の神ではないか、と人々が慕って集まってきました。キリスト教は、ユダヤ教のひとつの流れの中から生まれたのですが、ユダヤ教では神は地上に現れないものとされてきました。イエスは神だと言われるようになって、この教えはユダヤ教の教えに反するというので、キリストは迫害され、磔《はりつけ》にまでされるのですが、イエスに憧《あこが》れて、たくさんの若者たちが集まって教えを乞うたのです。イエスという人が、一生懸命に教えを伝えようとした記録が、『新約聖書』と呼ばれるものです。

学びの場があるというのを、広い意味での学校とすると、記録が残っているだけでも、二千数百年前から学校は存在していたわけです。そこに共通しているのは、この先生のもとで学びたいという弟子たちが、まず先にいる、ということです。

職人の世界を見ても、手に職を得たいという人たちが、優れた職人に弟子入りをして、そこで学ぶというところから始まります。

そういうふうにして、仕事も、学問も、宗教も、芸術も、文化も、あらゆるものを学びたい人がいて、この人にぜひ教えてもらいたいというので、学びの関係や場ができてきました。

ところが、私たちが知っているような、近代につくられた新しい学校というのは、そういうスタイルでつくられてはいません。国や自治体が学校をつくり、そこへ来なさい、と強制的に学ばせるところです。それを、コンパルソリー・エデュケーション（強制教育）と明治時代には言っていました。それは今、義務教育というふうに翻訳されていますが、次世代を担う国民として、必要な素養を身につけさせる、というねらいのもとにつくられました。

でも長い歴史の中で見ると、現代の学校は極めて特殊な教育のやり方で、どこかに無理があります。生徒の側には、学ぼうという意思があるとは限らないわけですから、教える側も苦労します。授業のやり方を工夫したり、学ぶための別の動機をつくったりしなければなりません。そのひとつが、競争です。競争をさせて、いい点を取ったらいい会社に入れる、というふうにやってきた。そんなふうに、さまざまな動機を与えなければ続かなかったのが今の学校なのです。

かつては、学校でいい点を取ったら、立身出世が約束されていました。でも今は、一部のトップエリート校を除いては、学校で一生懸命勉強したって、確実な未来が保証されているわけではありません。だから、「何のために学校に行くの?」と疑問を持つ人が出てくるのも、無理はないでしょう。

また、以前は職業の選択肢も非常に限られていました。でも今は、価値観も文化も極めて多様化し、たくさんの選択肢が生まれている社会ですから、学校で学ぶような読み書きや計算などだけでは、社会の中でやっていけるような十分な能力が身につくとは限りません。

学校でやっているようなことは、本やインターネットを使って自分で習得することができてしまうから、もっと専門的なことを学びたい、という人もいるでしょう。実際にオリンピックや国際音楽コンクールなどで活躍している若者たちを見ていると、それらの技能は学校ではなくて、別の専門機関で学んでいます。

そういったさまざまな背景を考えても、今の学校のあり方はそろそろ見直す時期にきている、と言えるのではないでしょうか。

新しい学校のあり方を考えていこう

そこで、今の学校のよさを大事にしながら、新しい学校のあり方を考えてみましょう。

僕が提案したいのは、午前中だけ今の学校のやり方を引き継いで、午後は生徒が個々に自分のやりたいカリキュラムをつくっていく、というスタイルの学校です。

僕は建物を見るのが好きだから、建築について学んでみたい。私は食事をつくるのが好きだから、いろんな国の料理を勉強してみたい。僕はデザインを勉強したいから、もっと実践的なデザインのやり方を学んでみたい。私は水泳が得意だから、もっとタイムが上がるような研究をしたい、など、いろいろな可能性があるでしょう。

午後に教える先生は、地域のいろいろな人です。建築ならリタイアした一級建築士のおじさんが、料理はネパール人一家のお母さんや中国からの留学生が、デザインは美術大学出身の生徒のお母さんとか、いろんな人が出入りして教えてくれるのです。それならば、それほどお金をかけなくても、実現できます。教師がいない教科はつくれないから、自ずと限界はあるけれども、それでも自分でやりたいカリキュラムをつくる、というのが大事なのです。

そういうスタイルが、ひとつの選択肢としてあってもいいのでは、と思っています。

また、その論理を午前中の学校にまで広げていくと、どの科目を勉強しないといけないかは決まっているけれど、その教材や学び方は、学ぶ側の生徒たちが自分で決める。そういうやり方はすでに、フランスのフレネ教育や、オランダのイエナプラン教育などでは実践されています。

生徒たちが自分で教材ややり方を選ぶのだから、自分たちのやりたいことができます。教師は相談役で、ときにはコーチ、ファシリテーター、コンサルタントというさまざまな役割で、生徒たちの学習をサポートしていきます。

地域の人が一緒になって学校に参加するようになれば、地域のおじいちゃんやおばあちゃんが生徒として学びに来ることだってあるかもしれない。そういう意味で、コミュニティー全体の学びの場になっていくような、新しい学校のあり方があってもいいのではないでしょうか。

いずれにしても、国がきちっと決めたやり方に沿ってやっていくような、今の教育のやり方では、そこに合わない子どもがどんどん出てきてしまいます。それで、学校が嫌になってしまうとか、不登校になるとか、はみ出ようとしてもはみ出せない子が、その欲求不満のはけ口としていじめをしてしまうとか、いろんな問題が生まれているのが現状です。その問題を少しずつ解消していくような、新しい学校というのをそろそろ真面目《まじめ》に構想していかないといけない時代に入っているのではないでしょうか。

どうすればよりよくなっていくのか、みんなの知恵を出し合えば、絶対にいい学校はつくれると思っています。皆さんで新しい時代を、ぜひつくっていってほしい、と願っています。

あとがきにかえて

私の母親は大正八年生まれで、この原稿を書いている今、九八歳です。

母は、大阪府堺市で生まれました。当時、堺市に一人しかいなかったお産婆さんの一人娘として生まれ育ちました。母の父は、母の母つまり私にとってはおばあちゃんと結婚したのですが、籍を入れる前に別の女性のもとに行ってしまったので、母は私生児として育ちました。おばあちゃんは、今で言うシングルマザーで、きっと私の母を懸命に育てたのだと思います。

しかし、そのおばあちゃんは昭和二〇年、終戦直前の堺市を襲った米軍による大空襲で、無残に焼け死にました。いや、焼き殺されたと言ってよいでしょう。産婆ということで救護班に出ていたのですが、そのまま行方不明になってしまいました。母は懸命に探して、黒焦げになったおばあちゃんとよく似た体型の人間を見つけ、きちんと焼いてもらって葬ったそうです。当時、母は結婚して子どもを妊娠していましたが、そのショックで流産し、この空襲あるいは戦争で、自分の最愛の母、ずっと育った家、そして初めての子どもを一挙に失いました。

戦後の大変な時期を、母は父と協力をしながら苦労して私たち三人の子どもを生み育ててきたのですが、私の妹を産んだ頃から、股関節を脱臼して痛くて歩けない、という障害を持ちました。何度か大きな手術を受け、松葉杖《づえ》で移動する生活を続けてきましたが、現在はその股関節そのものを取ってしまい、足の骨が直接腰の筋肉にぶつかっているという状態で生活しています。長い松葉杖生活のために肩の軟骨がなくなってしまい、朝は腕を動かせる状態になるまで薬を飲みながらじっくりと待つ、という生活をしています。戦後の母の生活は、障害との闘いの連続でした。

その母の生き方、生きざまに、子どもである私は言葉にならないくらい励まされてきました。母が九〇歳になった頃、急に英語を習うと言って、NHKのラジオ講座・基礎英語のテキストを買ってきて、毎日勉強をし始めました。私の妹家族がみなイギリスで暮らしているので、英語を少しは話せるようになりたい、ということが動機のようでした。「ちっとも覚えられへんわ」と上達はしませんでしたが、その姿勢には脱帽するしかありません。九八歳の現在でも近所の人に書道を教えていますし、ぼけないようにと毎日一〇〇から七ずつ引いていくという暗算を考えて実践したり、「あ」から五十音の順に、名前に「あ」のつく有名人、「い」のつく有名人……を言っていくという問題を自分に課してこなしています。

母の生きる力は、こうして何歳になっても、興味を持ったことを知りたい、もっと近づきたい、できるようになりたい、などという学びにこだわることが原動力になっているように思います。学ぶという姿勢は、生活、人生をもっと豊かにしたいということから発しているとも言えますし、人生を豊かにする力そのものにもなっているようです。

母は戦後の貧しく、厳しい時代を生きてきたので、自分でいつも考えて工夫し、あらゆるところから学び、それを人生の糧として活かしていく、そうした生き方のスタイルをいつの間にか身につけたのかもしれません。二一世紀の中盤を生きる若い世代の皆さんは、こうした厳しさとはあまり縁のない社会を生きているわけですが、自分が興味のあるものを貪欲に学ぼうとする姿勢が、大事な生きる力になっていくという事情はまったく変わりません。昔に比べて情報を手に入れるルートははるかに豊かになっているわけですから、その気にさえなれば、学びのチャンスはみなさんの方が母の世代よりもうんと多いはずです。私の母に言わせれば、「今の子どもたちはええなあ、簡単にあっちこっちいけるし、本も読めるし、挑んでいけるし……」ということになるでしょう。

どうか皆さん、学校での学びだけでなく、自分が興味を持ったことに貪欲に挑み続けてください。そして、母が九四歳になってから、空襲で殺されたおばあちゃんのことを初めて詳しく書いて地域の歴史雑誌に投稿し、二度と戦争をしないようにしてほしいと訴えたように、皆さんにもこれからどんどん学びながら、この地球を大事にして二一世紀につなぐ知恵を発信していってほしいと思っています。私は、皆さんはそうした力を持っていると信じています。

chikuma primer shinsho

ちくまプリマー新書285

人生《じんせい》を豊《ゆた》かにする学《まな》び方《かた》

二〇一七年十月　十　日　初版第一刷発行
二〇二四年三月二十五日　初版第三刷発行

著者　汐見稔幸（しおみ・としゆき）

装幀　クラフト・エヴィング商會

発行者　喜入冬子

発行所　株式会社筑摩書房
東京都台東区蔵前二－五－三　〒一一一－八七五五
電話番号　〇三－五六八七－二六〇一（代表）

印刷・製本　株式会社精興社

ISBN978-4-480-68991-7 C0237 Printed in Japan